EXAMEN
DE
TROIS OUVRAGES
SUR LA RUSSIE.

A LYON,
Chez MAIRE, rue Mercière.

A AVIGNON,
Chez OFFRAY, vis-à-vis St. Didi[er]

A AIX,
Chez CARACCIOLI, au Cours.

A MARSEILLE,
Chez SUBE, à la Canebière.

Les Exemplaires ont été fournis à [la] Bibliothèque Nationale. Ceux avou[és] par l'Auteur, porteront au titre s[on] chiffre gravé.

Fini d'imprimer le 30 Floréal an [X] (20 Mai 1802.)

EXAMEN
DE
TROIS OUVRAGES
SUR LA RUSSIE,

VOYAGE DE M. CHANTREAU,

RÉVOLUTION DE 1762,

MÉMOIRES SECRETS,

Par l'Auteur du Voyage de deux Français au nord de l'Europe.

Prix, 1 f. 50 cent.

(par le C. Fortia de Pilles)

A PARIS,

Chez BATILLIOT, rue du Cimetière St. André des Arts, n°. 15, et les Marchands de Nouveautés.

An 10. 1802.

On s'est servi pour les deux premiers volumes des Mémoires secrets sur la Russie, de l'édition d'Amsterdam de 1800, divisée par cahiers, où les notes sont séparées du texte; pour le troisième, de l'édition de Bertrandet, à Paris.

AVANT-PROPOS.

Des trois Ouvrages dont je vais entreprendre l'examen, je ne me suis pas dissimulé que le premier, soit par le fond, soit par la forme, ne méritait pas de sortir de l'oubli où il a été plongé, presque en naissant. Cependant comme quelquefois des auteurs fort au-dessous du médiocre, se croyent à l'abri de la critique, parce qu'on n'a pas daigné s'occuper d'eux, j'ai pensé qu'il était de toute justice de remettre sous les yeux du public, un Ouvrage dont il a perdu le souvenir. Si ma censure porte à faux, elle retombera sur moi, et fera ressortir davantage le mérite de M. Chantreau; si elle est juste, cet écrivain en profitera, dans le

AVANT-PROPOS.

cas où il n'aurait pas renoncé à enrichir la littérature de ses productions.

L'histoire de la Révolution de 1762, plus admirée, tant qu'elle n'a été que manuscrite, et conséquemment fort peu connue, a pourtant conservé depuis sa publication une sorte de célébrité : je l'attribue à l'indulgence des lecteurs, ou plutôt à cette indifférence si commune, à laquelle échappent ordinairement les imperfections et même les erreurs. M. Rhulière est un de ces hommes dont la réputation littéraire me semble assise sur la base la plus fragile; le suffrage de l'Académie française en 1789 n'aurait pas influé davantage sur mon jugement, que celui de l'Institut national n'y influerait aujourd'hui.

Le troisième de ces écrits a obtenu un assez grand succès pour

AVANT-PROPOS.

que l'examen même le plus scrupuleux ne paraisse pas déplacé. C'est du choc des opinions que naît la vérité; j'ai souvent combattu celles de l'auteur : je l'ai fait avec franchise, sans aigreur, sans animosité. Son personnel m'étant absolument inconnu, je n'ai attaqué, je n'ai jugé que l'Ouvrage; et si quelquefois mes observations portent l'empreinte d'une sévérité trop marquée, on ne devra l'attribuer qu'à l'indignation qu'ont excitée en moi plusieurs passages des Mémoires secrets, et sur-tout le ton tranchant et *doctoral* qui y règne généralement.

Je sais que je pouvais me dispenser de faire part au public des raisons qui m'ont engagé à publier cette brochure. L'écrivain n'a de compte à rendre à personne, ni de ses motifs, ni de ses opinions. Les trois auteurs que j'ai commentés ont été convaincus de cette vérité, lorsqu'ils ont mis au jour le fruit de leurs veilles. Je n'ignore pas que je m'expose au même danger qu'ils ont voulu courir: je ne solliciterai même pas l'indulgence que je n'ai pas eue pour eux ; j'observerai seulement qu'un opuscule d'aussi peu d'importance ne doit pas, ce me semble, être jugé avec la même sévérité que des écrits historiques annoncés avec emphase, et publiés avec prétention. Au reste, je suis tout résigné.

F.

Voyage Philosophique, Politique et Littéraire fait en Russie pendant les années 1788 et 1789, traduit du Hollandais par le citoyen Chantreau. Paris 1794, 2 vol. in-8°. de 387 et 381 pages.

J'AI les plus fortes raisons de penser que ces mots, *traduits du Hollandais*, ne sont qu'une charlatanerie de l'auteur ou du libraire: cependant, quoique les principes connus de M. C. soyent développés à toutes les pages de son ouvrage, je respecterai sa modestie, et ne le regarderai que comme traducteur: les bévues sans nombre que je vais relever appartiendront au voyageur hollandais; il ne restera au traducteur que les fautes contre la langue, et les phrases visiblement ajoutées par lui, que l'auteur n'a jamais pu écrire. Sous tous les rapports, cet ouvrage est du nombre de ceux qui, d'un bout à l'autre, n'offrent que les pitoyables résultats de l'ignorance la plus profonde, et d'une prétention ridicule que rien, absolument rien, ne justifie : il faut donc en faire justice.

Explications nécessaires. « Le rou-
» ble vaut cinq livres de notre mon-
» naie ». Il n'en vaut que quatre; autrefois il en valait cinq, parce qu'il était plus large et d'argent plus pur qu'aujourd'hui : les géographies qui se répètent toutes, ont consacré cette erreur, et M. C. a copié quelque vieux auteur.

« Le vieux style dont se servent les
» russes diffère du nôtre de dix jours ;
» par exemple, par le 6 janvier, il faut
» entendre le 16 ». Il diffère de *onze*; ainsi on dira le 17 janvier, et non le 16 : cette erreur est dans le genre de

la précédente. Dans le 17ᵉ. siecle, l'ancien style ne différait du nouveau que de dix jours; il en différait de onze dans le 18ᵉ. siecle, lorsque le voyage a été écrit; il est clair que l'auteur a voyagé en Russie sans sortir de Paris.

La mauvaise carte placée au commencement du premier volume offre même des inexactitudes; Cronstadt y paraît être sur le continent, quoiqu'il soit dans une isle. Au lieu de *Lestonie* province, lisez *Livonie*. Novogorod doit être placée sur l'autre rive du Wolkow; presque tous les géographes la placent de même que M. C.: cependant, le gouvernement, les boutiques, en un mot, la ville proprement dite, se trouvant au-delà du fleuve en venant de Pétersbourg, je suis fondé à dire qu'ils se trompent tous.

Tome 1ᵉʳ *Page* 3. « Au centre de Fridericshamn (ville de la Finlande

» Russe) est une place à laquelle toutes
» les rues aboutissent, ce qui donne à
» cet endroit un coup-d'œil UNIQUE ».

Toutes, c'est-à-dire quatre : le mot *unique* me paraît fort pour une très-petite ville, entièrement bâtie en bois, et qui n'offre absolument rien qu'on puisse citer. Plus bas l'auteur, en parlant de l'entrevue que Catherine et Gustave eurent ensemble dans cette ville, et de l'assurance positive que le roi y donna de la plus exacte neutralité, ajoute : « Sa conduite ultérieure a fait
» voir ce que c'est que l'assurance la
» plus positive d'un roi ». Sans doute que l'auteur ou le traducteur étaient présens à cette entrevue pour être aussi bien instruits de ce qui s'y est passé : d'ailleurs, quand un roi aurait manqué à sa parole, serait-ce à un républicain, et même à un républicain français, à s'en étonner, et sur-tout à s'en scandaliser ?

Page 10. « Ainsi que les voyageurs
» aisés, nous renouvellâmes nos pro-
» visions dans les principales villes qui
» s'offrirent sur notre route ».

Il est question des villes entre la frontière de Suède et Pétersbourg : or, ces principales villes se réduisent à deux, bien éloignées pour les ressources de nos villes du quatrième ordre, Fridericshamn et Vibourg.

Page 13. « On pouvait objecter à
» Pierre premier, lorsqu'il fixa sa ré-
» sidence à Pétersbourg, qu'il quittait
» le climat de Moscou, le plus doux
» de son empire ».

Le plus doux, lorsqu'il possédait des provinces plus méridionales de sept et huit degrés!

Page 20. « Le palais de l'impéra-
» trice, qu'on nomme le palais de mar-
» bre, à cause d'une superbe colon-
» nade de granit ».

Alors on aurait dû l'appeller palais

de granit : au reste, cette colonnade ne tient point au palais, mais au jardin d'été.

Page 21. « Pour rendre l'eau de la » Néva plus salubre, il faut la faire » bouillir et la *mouiller* avec du vin » ou de l'hydromel ».

N'est-il pas plaisant de mouiller l'eau? Si c'est *mêler* qu'on a voulu dire, il fallait un *errata*.

Page 23. « Les inondations de Pé- » tersbourg sont occasionnées par des » vents d'*est*, qui font refluer les eaux » de la Néva ».

La plus légere teinture de géographie, ou l'inspection d'une carte, aurait appris à l'auteur que la Néva coulant à l'ouest, ce sont les vents d'ouest, et non ceux d'est, qui doivent la faire refluer.

Page 24. Bel éloge de Catherine, qui sera souvent contredit par l'auteur lui-même.

Page 27. Le mot *posuit* n'est pas sur l'inscription qui accompagne la statue équestre de Pierre le Grand, et il y serait fort mal placé : comment l'auteur n'a t'il pas remarqué que dans cette inscription : *Petro primo Catharina secunda*, le mot *Catharina* est en plus gros caractères que *Petro* : cette flagornerie souverainement ridicule, n'aurait pas dû échapper à un observateur aussi attentif que paraît l'être notre voyageur.

Page 29. « Du 10 au 15 décembre, » le soleil se leve à neuf heures et » demie, et se couche avant trois » heures ».

Il fallait dire à deux heures et demie, parce que, sans être astronome, on ne peut ignorer que l'heure de midi tient toujours précisément le milieu entre le lever et le coucher du soleil, et cette observation pouvait être prolongée jusqu'au 22 décembre.

Page 41. « La richesse et la splendeur de la cour de Russie surpassent tout ce qu'on en pourrait dire ».

L'auteur n'ayant pas vu la cour de Versailles les jours de cérémonie, est excusable; mais le traducteur qui l'a sans doute vue, aurait dû trouver des expressions.

Page 42. Exagération ridicule dans l'énumération des diamans et pierreries des seigneurs russes. L'auteur cite comme très-ordinaires des garnitures dont il n'a peut-être pas vu une seule, et pas trois à coup-sûr; quant aux femmes, les princesses romaines en avaient beaucoup plus, au moins avant la visite amicale des français.

Page 43. « Dans les jours de cérémonie, l'impératrice *fait usage* des cordons de St. André, et de St. George ».

Expression nouvelle pour dire qu'elle

les porte, et jamais tous à la fois, comme on le prétend plus bas, pour essayer de la rendre ridicule : des tentatives aussi gauches retombent sur celui qui les fait.

Page 44. « L'ordre de Ste. Anne, » créé très-récemment par le grand duc » et à sa disposition ».

Cet ordre, créé *très récemment*, et *par lui*, l'a été plusieurs années *avant* sa naissance.

Page 46. « Les russes d'un rang in- » férieur portent dans les bals le cos- » tume de leurs province ». C'est un uniforme, et non un costume. Chaque chose a son nom.

Page 48. En parlant d'une table de confidence qui est à l'hermitage, l'auteur s'écrie : *que de précautions les grands prennent pour être libres et sans valets* !

Cette exclamation me paraît appartenir exclusivement au traducteur, et je gagerais qu'il a toujours eu le bonheur de se servir lui-même.

Page 53. » La forteresse de Péters-bourg a six bastions ». A la page 14 elle n'en avait que cinq : lequel des deux ? Il faut se décider.

Page 70. « François Le Fort, né à
» Geneve en 1665, vit le Czar à Mos-
» cou pour la première fois en 1695;
» il avait alors 39 ans, et le Czar 19 ».

Que d'erreurs ! Le Fort était né en 1656, et il le faut bien pour qu'il eût 39 ans en 1695; mais Pierre, né en 1672 avait 23 ans, et non 19. A la page 72, ce même Le Fort, mort en 1699, *n'avait pas plus de 53 ans* : il n'en avait que 43. Le citoyen Chantreau aurait pu, tout en traduisant et sans se compromettre, rectifier des erreurs aussi choquantes : ces corrections sont permises, et non les augmentations ou les suppressions qui dénaturent un ouvrage, et font à l'auteur un tort réel dont le traducteur seul devrait être responsable.

Page 73. Le voyageur a vu (dit-il) fumer les paysans russes ; il ne les a sûrement pas vu, ou il est le seul de tous les voyageurs : un principe de religion s'y oppose, et ce n'est pas dans la classe des paysans qu'il a trouvé des gens qui le méconnoissaient.

Page 87. « Biren fut précipité du » faîte des grandeurs dans un souter- » rain à Beresow en Siberie, sur les » rives de l'Oby ».

Ce n'est point à Beresow que Biren a passé le tems de son exil, quoiqu'il le méritât bien, mais à Jaroslaw, ville considérable, située au nord de Moscou, où il jouissait même d'une grande liberté.

Page 113. « En Russie, comme dans » tous les états où le chef est despote, » le gouvernement est tout militaire ».

Si M. C. est un bon républicain,

comme je me plais à le croire (d'après son honorable mission de 1792 en Espagne, à qui nous devons le gros volume des lettres de Barcelone) il a dû bien souffrir en traduisant cette phrase, qui est pourtant très-vraie, mais qui démontre que le roi de France n'était pas despote : car rien n'était moins militaire que le gouvernement français. Le nombre de ses garnisons était peu considérable : de très-grandes villes, même des capitales (Lyon, Toulouse, Orléans, Dijon, et tant d'autres) ne renfermaient, d'ordinaire, pas un soldat; les courtisans éloignés de leurs régimens, oubliaient qu'ils étaient au service. L'espèce de mépris qu'entraînait l'uniforme à la cour et à Paris, produisant l'effet d'une prohibition absolue, démontrait évidemment que l'état militaire était considéré comme secondaire; et la richesse de la France, la multitude de ses manufactures, s'opposaient

à

à ce qu'il en pût être autrement. Il faudra donc de deux choses en accorder une, ou que le gouvernement n'est pas toujours militaire sous un despote, ou que Louis seize ne l'était pas.

Page 121. Quoi qu'en dise l'auteur, ce n'est pas Catherine qui a pris le bien des moines, mais Pierre trois : Catherine s'est contentée d'en profiter, et a fort bien fait. Le souverain qui trouve consommée une opération bonne en elle-même, ou seulement dont il doit tirer quelque avantage, est trop heureux, puisqu'il dépend de lui d'en laisser l'odieux à son prédécesseur : n'en profitant pas, défaisant son ouvrage, il devient seul responsable des malheurs qu'il appelle sur sa tête; si Louis seize avait été imbu de cette vérité si palpable, il n'aurait pas rétabli les anciens parlemens; le chancelier Maupeou, apprenant ce rappel si impolitique, dit : *je lui avais fait* gagner un bon procès, *il veut le perdre; c'est son affaire* : prédiction qui s'est vérifiée d'une manière bien affreuse. En dernière analyse, ce n'était, comme on l'a très-bien observé, qu'une génération mal jugée : aujourd'hui les enfans des anciens magistrats rempliraient tous les parlemens ; le cours des choses serait rétabli, et nous aurions, peut-être, évité ces violentes secousses qui ont ébranlé toute la machine politique, et pour long-tems.

Page 139. « Un paysan est libre du » moment qu'il est enrôlé ». Non ; il devient serf de la couronne, aulieu de l'être d'un particulier.

Page 152. Il est question du Knout: les détails sont copiés de Coxe, et contiennent les mêmes erreurs : l'exécuteur n'avance ni ne recule ; il reste en place : le fer dont on marque le visage des criminels est garni de pointes et *froid.*

Page 162. N'en déplaise à l'auteur, les Moraves et les Quakers ne sont pas la même chose.

Page 175. « C'est sur-tout loin des » capitales, que le *stupide crédule* se » laisse duper ». Oserais-je demander lequel de ces deux mots est l'épithète?

Page 177. « Le gouvernement russe » ne tolère pas les juifs ». Ils sont plus que tolérés dans les gouvernemens de Polotzk et de Mohilow, qui en fourmillent.

Page 182. « Le maximum de la » taille ou capitation est de 30 copecks » par tête, et de 3 pour le minimum ». Faux; le minimum de la taxe est de 70 copecks pour tous ceux qui y sont soumis, sans distinction, hors les classes libres qui payent davantage.

Page 183. « Les droits d'entrée et » de sortie produisent 1675,000 liv. » Ils ont produit plus de dix fois cette somme en 1791, et plus de quinze fois depuis.

Page 187. « On a créé des billets de
» banque de 50, 60, 100 roubles ».

L'auteur qui a vu beaucoup de choses, n'a sûrement jamais vu des billets de banque de 60 roubles : il y en a de 100, 50, 25, 10, 5, et pas d'autres.

Page 188. « Les billets de banque
» perdaient en 1791, 38 pour cent ».
Ils perdaient 25, et n'ont jamais perdu au-delà de 30 cette année là ; je dis contre l'argent ; car, contre le cuivre ils ne perdaient que 4 ou 5.

Page 189. « Les Hollandais ont prêté
» une soixantaine de millions à quel-
» ques aventuriers, qui n'ont, pour
» s'acquitter envers eux, qu'un grand
» nom et des projets de palladins ».
Il est vrai qu'ils auraient prêté bien plus solidement à la république française de 1793, et avec la caution du traducteur.

Page 195 *et suiv*. La composition de l'armée est entièrement inexacte ; il serait trop long de la rectifier : l'élégance du style ne se dément pas ; on lit, (pag. 199) que les sergens aux gardes sont *gradués* de lieutenans. « Dans le régiment de Préobagenski, » on est de service de quatre jours l'un : » dans les autres, le soldat a trois nuits ». Quelle distinction ! comme si ce n'était pas dire la même chose en termes différens.

Page 224. « Cronstadt a un port pour » les vaisseaux de guerre, et un autre » pour la marine marchande ». Et un troisième qui est resté au bout de la plume.

Page 258. « Le voyageur qui a ad-» miré le cours majestueux du Rhin et » du Danube, est bien autrement surpris, lorsqu'il parcourt les rives du » Don et du Dniéper ».

J'ai de la peine à concevoir comment celui qui a vu le Danube, peut être aussi surpris en voyant deux fleuves moins considérables.

Page 259. « Du Volga au Don il n'y a plus qu'un trajet de 18 verstes ». C'est-à-dire, de 80. « Le cours du Dnié-
» per est de 530 verstes ». C'est-à-dire de 300 lieues au moins, qui font au-delà de 1200 verstes.

Page 263. « D'Astracan à St. Pé-
» tersbourg (par eau) il y a plus de
» 950 verstes. » En effet, il y a davan-
tage, plus du double : quelles erreurs, et combien elles sont répétées!

Page 266. « Les mines sont un ob-
» jet *conséquent* dans les revenus de
» l'état ; (*page* 271) les autres mines
» de Russie sont moins *conséquentes*
» que celle-ci. « J'aurais été bien sur-
pris qu'une expression aussi ridicule n'eût pas figuré dans cet ouvrage, dont le style n'est pas la partie la moins curieuse. Plus bas, une longue phrase sur la minéralogie, prouve chez l'auteur la

plus complette ignorance sur cet objet, comme sur beaucoup d'autres.

Page 277. « Ces bains sont excellens » pour toutes les maladies *pédiculaires.* »

Oh! pour le coup, ceci est trop fort, et cette bévue si plaisante appartient exclusivement au traducteur. M. C. a voulu parler des maladies *de peau*, (le mot *toutes* le prouve clairement) et il met à la place.... quoi!... la maladie DES POUX. Je ne connais rien au monde de plus burlesque qu'un faiseur de livres aussi plattement ignorant. Il faut avouer que la prétention, la morgue, la présomption sont bien placées chez un auteur de cette trempe. Eh bien! en lui-même et dans ses cotteries, il accusera de méchanceté, d'injustice, celui qui aura relevé de pareilles sottises. Hélas, M. C.! si vous n'êtes pas meilleur espion qu'écrivain, vous avez indécemment volé l'argent du gouvernement dans vos missions diplomatiques, et vous êtes tenu à restitution.

Page 278: « Les voleurs de tout
» genre doivent être infiniment plus
» communs dans les pays gouvernés
» despotiquement. »

Conséquemment il est tout simple que la France étant devenue libre, on y trouve aussi peu de voleurs, comme la chose est indubitable depuis quelques années. En effet, jamais les receveurs des deniers publics n'ont rendu leurs comptes avec plus de rigidité. Jamais les fournisseurs en tout genre n'ont été plus fidèles; jamais les routes n'ont été plus sûres; jamais on n'a moins entendu parler de vols dans les villes et dans les campagnes..... *risum teneatis*.

Page 282. Le caviar qu'on mange en Russie est *frais*, et non d'œufs d'esturgeon *marinés ou séchés*.

Page 287. En parlant des femmes russes, l'auteur leur donne une taille svelte, qualité pour laquelle on ne les a jamais citées : il oublie de parler du fard dont elles usent plus que dans tout autre pays, sans comparaison. Ces fautes sont inexcusables pour un homme qui prétend avoir séjourné en Russie.

Page 291. L'auteur fait un mauvais conte pour prouver que les femmes russes veulent être battues ; ayant été témoin, à ce qu'il dit, d'une opération de ce genre, il en conclud que c'est le goût général : conclusion aussi lumineuse que celle du voyageur passant à Blois, qui trouvant son hôtesse rousse et acariâtre, écrivit sur ses tablettes que toutes les femmes de cette ville étaient ainsi.

Page 296. « Aujourd'hui les longues » barbes sont moins fréquentes ». Cependant tout ce qui n'est pas libre la porte, ainsi que les prêtres et les moines, et cela fait au moins les neuf dixièmes des individus mâles de l'empire, ce qui est bien quelque chose.

Page 324. Selon l'auteur, l'Espagne est le seul pays en Europe qui puisse se glorifier d'avoir une grammaire: cette décision est bien sévère; par bonheur elle n'est pas sans appel; » ainsi les gens qui en France, croyent » que le grec est la langue des Russes » sont fortement dans l'erreur ». les gens qui ont le sens commun ne le croyent pas: c'est à-peu-près comme si l'auteur nous disoit : *les Russes qui croyent que le français est la langue des Espagnols, sont des sots*: il auroit raison, mais il auroit pu se dispenser de cette confidence.

Page 335. « Krasnoyark est située » au 66me. degré de latitude septen- » trionale », C'est-à-dire au 56e., ce qui fait quelque différence, et les détails du froid rigoureux qu'y éprouva M. Pallas prouvent que ce n'est pas une faute d'impression, et que l'auteur s'est réellement et très-lourdement trompé.

Page 355. « La bibliothèque de l'académie de Pétersbourg contient peut-être une plus grande quantité de livres chinois, qu'aucune autre collection connue en Europe ».

Si l'auteur l'eût vue, il aurait dit *à coup-sûr* au lieu de peut-être. *Même page*: il veut qu'on ne s'en fie qu'aux Russes sur la Chine, parce que tous ceux qui ont écrit sur ce pays sont des moines et des jésuites ; comme si ces gens-là, incontestablement plus éclairés, n'avaient jamais pu vouloir dire la vérité; que cela est philosophique et impartial! ah! M. C., le bout d'oreille!

Page 374. Il est question du globe dit de Gottorp qu'on voit à Pétersbourg; l'auteur y loue les observations de géographie qui manquaient à la sphère précédente : hélas! elles manquent encore à celle-ci, et notre voyageur n'y a pas bien regardé.

Je vais maintenant récapituler les pages du premier volume copiées *mot à mot* de M. Coxe: je n'ose me flatter de n'en avoir omis aucune: je sais même que j'ai négligé de noter une énorme quantité de phrases isolées, souvent de demi pages; mais je ne désignerai que celles que j'ai verifiées moi-même. Cette manière de faire des livres est trop curieuse pour que le public ne soit pas empressé de connoître quel degré de réconnaissance méritent de sa part deux écrivains aussi laborieux que l'auteur et le traducteur de cet ouvrage: ainsi que moi, on admirera comment il a pu se faire que sur deux volumes de grosseur ordinaire, il se soit trouvé environ 400 pages tirées, *mot à mot*, d'un voyage publié sept ans auparavant. On peut, sans doute, voir les choses du même œil qu'un autre, les décrire à-peu près comme lui; mais ne pas différer d'un mot, c'est un phénomène

dont

dont il est reservé à M. C. de nous donner l'explication.

Pour que le lecteur puisse vérifier les impudens larcins faits à M. Coxe, je cite la page correspondante de son voyage ; j'ai préféré l'édition en quatre volumes in-8°, qui est entre les mains de tout le monde.

CHANTREAU.	COXE.	
Pag. 14 - 24.	T. 2, P.	6 - 10.
— 24 - 36.	—	17 - 35.
— 37 - 52.	—	35 - 65.
— 53 - 58.	—	66 - 91.
— 116 - 121.	—	315 - 320.
— 121 - 131.	—	320 - 332.
— 151 - 152.	—	285 - 286.
— 154 - 157.	—	287 - 295.
— 181 - 188.	- 3 —	48 - 55.
— 221 - 226.	—	56 - 61.
— 226 - 228.	- 2 —	88 - 90.
— 254 - 261.	- 3 —	102 - 109.
— 306 - 318.	—	25 - 37.

Pag. 327 - 329.   T 2, P. 348 - 350.
— 333 - 351.   - 3 — — 1 — 15.
— 353 - 374.   - 2 — 356 - 386.
— 375 - 386.   -   — 386 - 397.

Il y a dans ces citations quelques lacunes, en fort petit nombre, et quelquefois on devra prendre la peine de chercher dans les pages indiquées, M. C. ayant de tems en tems sauté deux ou trois pages de Coxe, pour dérouter l'espion ; mais, avec un peu de patience, on trouvera tout. Passons au second volume.

Page 2. Je ne sais où l'auteur a pris que Schlusselbourg (qui est estropié comme beaucoup d'autres noms propres) était une maison de plaisance ; pour que le lecteur puisse sentir l'énormité de cette bévue, je lui dirai que c'est précisément comme si un voyageur en France eût écrit que la bastille était une maison de plaisance du souverain.

Page 23. « Ses ennemis provoquaient « contre lui la colère d'un jeune hom- « me ». Il est question de Pierre second, et comme il n'avait alors que douze ans, il fallait dire d'un enfant.

Page 30. « A quelques journées avant « d'arriver à Jakutzk, Menzicoff fit « une rencontre ».

Il est constant que cet illustre proscrit a passé le tems de son exil jusqu'à sa mort à Berezow, au nord de Tobolsk, et à une distance énorme d'Jakutzk (50 à 60 degrés de longitude).

Page 43. « Les eaux de Péterhof ne « tarissent pas, c'est-à-dire, jouent tou- « jours ». Cela est faux, quoique copié de Coxe.

Page 46. Description de la montagne volante, copiée de Coxe : l'un et l'autre la placent à Péterhof, tandis qu'elle est à Oranienbaum ; ce qui est aussi ridicule, que de placer à Meudon ce qui serait à Choisy.

Page 47. « Le comte Naryskin ». Aucun des Naryskin ne porte de titre.

Page 48. « Schlusselbourg est à 40 « verstes de Pétersbourg, en suivant la « Néva ». Il y en a plus de 60 par ce chemin, et 40 en ne la suivant pas. *Idem*, « Schlusselbourg a 2800 habi- « tans, et est situé sur les deux cô- « tes de la Néva ». Il n'en a pas 2000, et n'est situé que sur la rive gauche ou méridionale.

Page 50. Le fait raconté sur Catherine première, ne se trouve qu'ici et dans Coxe. L'auteur dit qu'en 1702 elle était déjà maîtresse de Pierre le grand : à la page 61, il dit qu'elle appartint à Menzicoff jusqu'en 1704 : lequel des deux ?

Page 56. « La bataille de Pultava » dura deux jours ». Voilà un fait qui a au moins le mérite de la nouveauté.

Même page. « Pierre imputait à Piper la guerre qu'il avait avec la Suéde ». Il devait bien savoir le contraire, puisque ce fut lui qui attaqua Charles-douze en 1700, et sans aucun motif.

Page 57. « Pierre trois séjourna aussi » à Schlusselbourg ». Jamais Pierre-trois n'y a été. C'est un fait que l'auteur seul ignore, et qui suffirait pour prouver qu'il n'a pas mis le pied en Russie, ou qu'il s'y est peu occupé d'y prendre les renseignemens nécessaires à un homme qui veut faire part au public de ce qu'il a vu.

Page 59. « Catherine en 1701 allait » atteindre sa 17me. année ». A la page précédente, elle est née en 1689. Quel calculateur !

Page 66. « L'ordre de Ste. Catherine » fut institué en 1711, pour perpétuer » le souvenir de la campagne du Pruth ». Cet ordre ne fut institué qu'en 1715, c'est-à-dire, quatre ans après la paix avec les Turcs.

Page 112. « Elisabeth mourut le 25

» décembre 1761, et Pierre trois monta
» sur le trône le 5 Janvier 1762 ».

On ne se douterait pas que ces deux dates sont la même chose ; l'auteur se sert tantôt du vieux style, tantôt du nouveau ; il me semble qu'il devait adopter toujours l'un des deux, et surtout dans la même phrase.

Page 113. « Pierre trois rendit le
» duché de Courlande à Biren, et Biren
» à Mittau se ressouvint du souterrain
» de Berezow ».

C'est Catherine (en 1765), et non Pierre trois, qui a rendu la Courlande à Biren, lequel n'a pu se ressouvenir de Beresow, où il n'avait jamais été, ayant passé les vingt ans de son exil à Jaroslaw.

Page 120. « Aussi-tôt que Munich
» apprit l'avénement au trône de
» Pierre trois, il passa plusieurs semai-
» nes entre la crainte et l'espérance ;
» enfin, le 11 février 1762, arriva cette
» nouvelle si attendue ».

Elisabeth mourut le 5 janvier; Munich reçut son rappel le 11 février, c'est-à-dire, le 37me. jour, en supposant que le courrier partit dès le lendemain de l'avènement de Pierre III; comment pût-il être *plusieurs semaines* dans l'anxiété, et sachant le changement de souverain? le courrier n'eut que le tems d'arriver; avant d'écrire, il fallait compter.

Page 140. « Le prince Leon Naryskin ». J'ai déjà remarqué qu'aucun des Naryskin ne porte de titre.

Page 168. L'auteur cite une anecdote qu'il dit lui avoir été racontée à Pétersbourg : puisqu'il a déjà parlé des mémoires du comte de Hordt, il devait avouer franchement qu'il y avait puisé cette anecdote; avec la différence, qu'au lieu de se passer entre Potemkin et Galitzin, elle s'est réellement passée entre Potemkin et Orlow, ce qui est beaucoup plus naturel, parce que Potemkin n'a rien été auprès de Catherine que plusieurs années après la révolution de 1762, et la faveur de Galitzin auprès de Pierre trois, était alors oubliée depuis long-tems.

Page 236. « On ne trouve de relais » en Russie que de 50 en 50 verstes ». Si le voyageur avait seulement pris la peine de feuilleter le livre des postes, il aurait vu que les plus forts relais en ont rarement 30 et presque jamais 40.

Page 247. « Novogorod a 3000 boutiques et (page 245.) 7000 habitans ». Cela fait ou peu d'habitans, ou beaucoup de boutiques; aussi faut-il retrancher au moins la moitié de ces dernières.

Page 254. « On vit descendre des bâtimens d'Astracan pour St. Pétersbourg ». Il est plaisant de voir descendre des bâtimens d'Astracan pour aller ailleurs que dans la mer Caspienne : dirait-on qu'on a vu des bâtimens descendre d'Arles pour Rouen ou le Havre? c'est la même chose.

Page 264. « Moscou est certainement » la ville la plus vaste de l'Europe ». Paris, depuis sa nouvelle enceinte, l'est au moins autant.

Page 318. « L'entrée de chaque rue » de Moscou a une porte qui se ferme » en cas de tumulte ou d'incendie ». D'autres voyageurs parlent aussi de ces portes; et quoique prévenu qu'elles devaient y être, je n'ai jamais eu le bonheur de les apercevoir.

Pages copiées de Coxe.

CHANTREAU.	COXE.
Pag. 3 - 6.	T. 2, P. 92 - 96.
— 38 - 47.	— 98 - 107.
— 48 - 55.	— 107 - 113.
— 58 - 61.	— 116 - 119.
— 62 - 63.	— 119 - 120.
— 71 - 80.	— 130 - 141.

Pag. 89 - 106.   T. Pag. 144 - 172.
— 108 - 113.   — 176 - 181.
— 113 - 120.   — 261 - 266.
— 125 - 138.   — 181 - 192.
— 143 - 168.   — 192 - 220.
— 170 - 191.   — 267 - 284.
— 193 - 227.   — 221 - 260.
— 230 - 238.   I — 347 - 358.
— 239 - 249.   — 360 - 370.
— 264 - 284.   — 233 - 282.
— 297 - 309.   — 283 - 292.
— 310 - 326.   — 307 - 322.
— 329 - 333.   — 220 - 225.
— 333 - 336.   — 207 - 210.
— 337 - —   — 202 - —

Ainsi voilà au moins 400 pages sur deux volumes, exactement copiées de Coxe, et avec toutes ses erreurs, que ni l'auteur ni le traducteur n'étaient en état de reconnaître, et encore moins de rectifier : l'impudence de M. Chantreau, soit comme traducteur, soit comme auteur, mérite d'être dénoncée: un voyage comme le sien se fait sans quitter son cabinet; et c'est tromper la bonne foi publique, c'est attenter aux droits d'un écrivain, que de publier sous son propre nom, un ouvrage si visiblement et si indécemment pillé d'un autre. Je prie ceux de mes lecteurs qui en auront le tems, de prendre la peine de vérifier, sinon en totalité, au moins en partie, mes citations sur les deux voyages.

Histoire ou Anecdotes sur la Révolution de Russie en 1762, par M. Rhulieres. Paris an 5 (1797) Volume in-8°. de 186 pages.

CET ouvrage, colporté en manuscrit par l'auteur, pendant plus de vingt ans, prôné dans les sociétés particulières, comme tous ceux qui n'ont pour juges que des amis ou des complaisans, a vu enfin le jour en 1797. Alors seulement le public a pu lui assigner le rang qu'il doit occuper dans la littérature et dans l'histoire. Quelque mérite qu'un ouvrage historique puisse emprunter du style, cependant l'événement qu'a retracé M. R., est trop important, trop majeur pour s'y arrêter. Je n'examinerai pas s'il a toujours employé celui qui convenait à son

sujet

sujet; s'il a dû mêler à un récit aussi sérieux, des détails et des réflexions que proscrit la sévérité de l'histoire, et si des intrigues de cour ont pu être écrites avec le ton de la légèreté, quand elles ont préparé ou accompagné une aussi étonnante catastrophe.

J'attaquerai en masse la narration elle-même; je ne m'adresserai pas à l'auteur, puisqu'il n'existe plus; j'écris pour ses partisans, pour cette tourbe de lecteurs qui, sur la réputation du manuscrit, dont ils entendaient parler confusément depuis tant d'années, ont dévoré l'ouvrage devenu public, et l'ont admiré comme un monument historique, pendant que ce n'est qu'un monument de méchanceté, d'audace et de vanité.

Cette opinion sera regardée comme étrangement sévère, si je ne l'appuye, sinon sur des preuves irréfragables, au moins sur de grandes probabilités; mais, je ne puis que citer et combattre les assertions hasardées de l'auteur : les événemens qu'il raconte sont pour moi, comme ils l'ont été pour lui, enveloppés d'une obscurité impénétrable. Il me suffira donc de démontrer qu'il n'a pas dû connaître, et moins encore approfondir les anecdotes consignées dans son ouvrage avec autant d'impudence que de légèreté.

M. R. se prévaut de son courage, tire vanité d'avoir résisté aux demandes réitérées de livrer son manuscrit; d'avoir méprisé les menaces des agens du gouvernement. Sans doute cette fermeté courageuse est louable; mais a-t-il pu croire qu'il remplissait strictement le devoir d'honnête homme, en se contentant de promettre que sa relation ne verrait le jour qu'après la mort de Catherine? Quoi! il suffit donc que l'individu qu'on veut déshonorer n'existe plus, pour qu'il soit permis d'entacher sa mémoire? quelle affreuse doctrine! ce sont-là les principes de M. R.; il les établit formellement dans sa préface; et ses héritiers ont suivi ses intentions avec une ponctualité aussi peu honorable pour eux, que pour l'auteur lui-même.

La réflexion sur la liaison de M. Williams et du Comte Poniatowski, est du plus mauvais ton, sur-tout dans un récit uniquement destiné à une femme, pour laquelle on affiche un profond respect, et les égards les moins équivoques. Il parait par la seconde lettre à Madame d'Egmont (page 164), que je ne suis pas le premier que cette phrase ait choqué: la réponse de l'auteur est loin de me satisfaire, et je persiste dans mon opinion.

Il est sans doute, physiquement possible que M. R. ait appris quelques anecdotes secrettes sur la révolution de 1762: mais il en est de telles que je regarde comme impossible, ou comme tellement invraisemblable, que cela revient au même, qu'il en ait été instruit : de ce nombre est celle relative au rendez-vous donné à Soltikow (page 9) chez Catherine, alors Grande Duchesse. On ne peut guères tenir ce fait que du grand Chancelier; qui, selon M. R., porta la parole au jeune homme, de la Grande Duchesse, ou de Soltikow, et il est permis de douter qu'aucun de ces trois personnages ait fait une pareille confidence à l'auteur, petit secrétaire d'ambassade, et même au baron de Breteuil notre ambassadeur. La chose est donc bien loin d'être certaine, et je crois qu'il eût été plus sage, plus décent, de ne pas raconter une anecdote aussi dépourvue de vraisemblance, sur laquelle, si on eût demandé à l'historien de qui il la tenait, il eût, à-coup-sûr, été fort embarassé de répondre. Mais si l'on a bien voulu attendre la mort de Catherine pour publier cette anecdote; le motif qui a déterminé cette indulgence, quel qu'il soit, n'aurait-il pas dû en reculer la publication jusqu'à la mort de Paul, qui est démontré n'être pas fils de Pierre trois, et qui ne pouvait voir avec indifférence, dévoiler ce mystère d'iniquité? Paul étant mort, son fils Alexandre n'aurait-il pas eu aussi quelques droits à des ménagemens, et par conséquent, une diatribe pareille ne devait-elle pas être vouée à un oubli éternel? Je n'y mets pas le moindre doute. Richer-Serisy, dans sa violente réfutation de cet ouvrage, insérée à la fin du second volume du voyage de Swinton dans le nord, observe avec raison, que Paul tenait beaucoup de son père (il en tenait au physique et au moral); et que Catherine et le beau Soltikow auraient donné le jour à un être plus favorisé des dons de la nature. Si ce n'est-là qu'une présomption, n'est-elle pas aussi forte que tout ce qu'il a plu à M. R. de nous donner comme des certitudes ?

La mort de Pierre trois est le second événement sur lequel on peut ne pas s'en rapporter aveuglément à l'auteur. Je sais qu'en Russie, on ne forme aucun doute sur le genre de mort; il est constant qu'elle a été violente ; mais rien ne démontre mieux combien est épais le voile qui enveloppe ce grand événement, que les différences qui existent dans les récits de tous les écrivains : aucun ne s'accorde avec un autre sur le nom des meurtriers, et les citations suivantes vont venir à l'appui de mon assertion.

Les Mémoires secrets sur la Russie, dont je rendrai compte tout à l'heure, désignent Alexis Orlow, Passek, et le jeune Bariatinski. L'histoire de Pierre III (beaucoup plus un libelle qu'une histoire) nomme Alexis Orlow, le jeune Bariatinski et Potemkin; il ajoute que le poison fut apporté de Pétersbourg, et présenté par un médecin nommé Krouse, fait que n'appuye aucune rélation. L'auteur de la vie de Catherine, fort mal instruit sur beaucoup d'objets, accuse Alexis Orlow, le jeune Bariatinski et Téplof. M. Rhuliere est d'accord avec l'histoire de Pierre III, à l'exception du médecin Krouse, dont il ne dit mot, et qui joue pourtant dans cette affaire, un rôle assez important pour mériter d'être cité. Moi-même, dans mon voyage au nord de l'Europe, je ne suis d'accord avec personne, puisque j'attribue l'assassinat à Orlow et aux deux frères Bariatinski. On peut donc conclure de ces diverses relations, que si des présomptions très-fortes, doivent servir de preuves dans un événement qui ne sera jamais éclairci, Orlow et le jeune Bariatinski sont coupables; quant au troisième, c'est assurément Potemkin, Teplof, Passek ou Bariatinski l'ainé: mais lequel de ces quatre? nous l'ignorerons toujours; l'un de nous a peut-être trouvé la vérité; peut-être aussi nous trompons-nous tous.

M. R. dit qu'on ne sait pas avec *certitude* quelle part eut l'Impératrice à cet événement; non sans doute, et on ne le saura jamais. La voix publique s'est plûe à charger cette Princesse d'un forfait abominable, et la seule raison plausible qu'on puisse apporter d'une accusation aussi atroce, c'est qu'ayant profité du crime, elle a dû le commettre. Ce principe est ordinairement vrai, cependant il souffre des exceptions. Catherine peut avoir fait assassiner son mari; donc elle l'a fait assassiner: cet argument est bien faible, quand on lui oppose la conduite de l'Impératrice pendant plus de trente ans de règne; sa bonté, sa clémence, toutes les qualités qui illustreront à jamais sa mémoire, malgré les diatribes virulentes de quelques écrivains qui survivront à leurs libelles. Je sais que Catherine a profité de la mort de son époux ; que la réflexion a pu l'en consoler promptement ; qu'elle a reconnu sans doute, que sa tranquillité future datait de cette époque : mais profiter d'un crime, est-ce le commettre ? En un mot, aucune preuve matérielle ne vient à l'appui de l'opinion de ceux qui proclament Catherine meurtrière de son époux : je suis donc fondé à croire qu'elle fut innocente ; je l'ai dit, et je le dis encore. L'ouvrage de M. R. est un libelle calomnieux : ce n'est pas avec des productions pareilles qu'on passe à la postérité. Cette histoire écrite pour madame d'Egmont, devait être ensevelie dans son cabinet, et l'appât de quelques pistoles n'aurait jamais dû porter les héritiers de l'auteur à déshonorer sa mémoire. Je vais actuellement relever plusieurs inexactitudes impardonnables dans un homme qui a tout sçu, tout vu par lui-même, et qui se trompe sur les choses les plus généralement connues.

Page 6. « Epouse du Grand Duc à » l'âge de quatorze ans, elle sentit dès » lors qu'elle gouvernerait les états de » son mari ».

La Grande Duchesse, née en mai 1729, et mariée en septembre 1745, avait *seize* ans révolus; deux ans à cet âge sont quelque chose; d'ailleurs l'exactitude dans un fait historique ne gâte rien : l'auteur néglige beaucoup ce qu'il regarde apparemment comme des minuties indignes de son attention. Ce serait ici le cas d'observer que bien des gens croyent Catherine née en 1727, et sont persuadés qu'on recula sa naissance de deux ans, pour que, selon l'usage de l'église grecque, elle fut plus jeune que son mari, né en 1728. Sans adopter cette opinion, dont rien n'a démontré la réalité, je m'en tiens à l'âge connu, et M. R. est en défaut de deux ans.

Page 27. « Pierre III accorda à la
» noblesse russe, les droits des peuples
» libres, comme si en effet les droits
» des peuples dépendaient de pareilles
» concessions ».

Oui sans doute, les droits des peuples dépendent de pareilles concessions; c'est une vérité éternelle qui ne trouvera jamais de contradicteurs de bonne foi. Si l'auteur a prétendu dire que ces droits ne *devraient* pas en dépendre, je suis de son avis; mais alors il s'est mal expliqué : la suite de sa phrase le prouve. « La volonté du Souverain, sans
» aucune forme, continua d'être l'uni-
» que loi ». Le Souverain était donc le maître de fixer des bornes à sa volonté : la liberté des nobles dépendait

donc uniquement de lui. M. R. s'est donc trompé; et, croyant avoir consacré un principe philosophique, il n'a énoncé qu'une erreur.

Page 43. « L'Empereur était à une campagne éloignée de douze lieues ».

Il était à Oranienbaüm, à 35 verstes de la capitale, c'est-à-dire à moins de 9 lieues, puisqu'il y a 104 verstes au degré : cela est égal pour le fait; mais il faut de l'exactitude.

Page 30. « La Princesse Daschekow, » âgée de dix-huit ans ».

La Princesse Daschekow avait en 1791, plus de cinquante ans, conséquemment plus de dix-huit en 1762, vingt-neuf ans auparavant : cette erreur est inexcusable dans un témoin oculaire; s'il s'agissait de trente à trente-trois ans, elle serait indifférente; elle ne l'est pas de dix-huit, à vingt-un ou vingt-deux, et dans la circonstance; le lecteur en sentira la raison.

Page 105. « La rivière de Néva tombe dans la mer à l'extrémité du golphe de Finlande, et semble le prolonger; à douze lieues avant son embouchure, est depuis soixante ans, bâtie la ville de Pétersbourg. »

S'il était possible d'élever des doutes sur le séjour de l'auteur en Russie, cette phrase serait capable de les faire naître. Il est le premier qui ait imaginé de placer ainsi Pétersbourg, qu'on sait être à l'embouchure même de la Néva. M. R. regarde le golphe de Finlande, comme la continuation du fleuve, jusqu'à Cronstadt: c'est une opinion neuve; mais il n'y aura jamais douze lieues de distance, Cronstadt étant à 29 verstes, un peu plus de *sept* lieues de Pétersbourg.

Page 145. Un nommé Potemkin, âgé de *dix-sept* ans, figure parmi les assassins de l'Empereur; comme il ne peut-être question que du fameux Potemkin, je reprocherai encore à l'auteur une erreur très-majeure. Potemkin est mort en 1791, âgé de 52 ans révolus; il avait donc en 1762, 23 ans et non 17. Or, M. R. qui a connu toute la cour de Pétersbourg, qui a puisé dans les meilleures sources, a été bien mal informé cette fois-ci: le développement d'un jeune homme, soit au moral, soit au physique, n'est pas le même à 17 et à 23 ans. Il fallait donc s'informer plus scrupuleusement de la vérité.

Page 145. « Le jour même de l'assas-
» sinat, l'Impératrice commençant son
» diner avec beaucoup de gaieté, on
» vit entrer Orlow, couvert de sueur
» et de poussière, ses habits déchirés,
» sa physionomie agitée, pleine d'hor-
» reur et de *précipitation* : en entrant,
» ses yeux étincelans et troublés, cher-
» chèrent ceux de l'Impératrice ».

Il faut convenir qu'une pareille en-

trée était capable de faire naître d'é-
tranges soupçons, et démontrait au
moins dans Orlow une imprudence bien
étonnante. Comment dans un trajet de
plusieurs lieues, n'avait-il pas eu le tems
de composer son visage, de calmer cette
agitation extrême, à peine pardonna-
ble dans les premiers momens ? N'était-
il pas plus naturel, sur-tout plus sage,
de faire avertir l'Impératrice, sans se
montrer à tous les courtisans, à tous
les valets, dans un état aussi extraordinaire ? Au reste, la relation de M. R.
est la seule où soit consignée l'entrée
d'Orlow, au moins avec ces détails :
ainsi, je me permettrai de la révoquer
en doute.

Page 147. « Le corps de Pierre trois
» fut exposé à Pétersbourg ; le visage
» était noir, et le cou déchiré : malgré
» ces horribles marques, pour assoupir
» les mouvemens qui commençaient à
» se faire craindre, et prévenir que des

» imposteurs n'agitassent un jour l'em-
» pire sous son nom, on le laissa trois
» jours exposé à tout le peuple ».

Plusieurs personnes, qui ont vu de près le corps exposé de ce prince, m'ont dit, à Pétersbourg, que ces marques de violence n'existaient pas : j'accorde néanmoins que l'empereur a péri par un assassinat; mais, n'eût-il pas été bien imprudent, d'offrir son corps en spectacle pendant trois jours, s'il eût porté ces indices irrécusables de meurtre? Quel étrange moyen d'assoupir les mouvemens qui commençaient à se faire craindre! Cette vue aurait été plutôt capable de les faire naître. La révolte de Pugatscheff a prouvé qu'on s'était trompé en croyant, par cette exposition, prévenir des troubles dans l'état. En effet, le peuple de Pétersbourg a pu s'assurer seul de la mort de Pierre trois, et dans un empire d'une aussi vaste étendue, ce n'était pas au centre de la capitale qu'un imposteur devait prendre le nom d'un prince qui n'existait plus.

Page 150. « Tous les souverains s'em-
» pressèrent de reconnaître Catherine;
» un seul, l'Empereur de la Chine,
» refusa de recevoir ses ambassadeurs,
» et fit répondre qu'il ne voulait avec
» elle, ni alliance, ni commerce, ni
» aucune communication ».

Ce prince s'est humanisé depuis: car le commerce avait repris une grande activité entre les deux états; l'Empereur avait reçu des ambassadeurs de Catherine, et l'on observera que c'était le même qu'en 1762.

Idem. « Elle punit sans rigueur le
» Français Bressan, qui avait averti
» l'Empereur ».

L'impératrice avait l'ame trop grande, pour punir autrement que par la privation d'un cordon, celui qui avait voulu se rendre utile à son maître.

Munich, de qui il n'avait pas dépendu que l'Empereur ne l'emportât sur son épouse, n'a reçu d'elle que des honneurs, des bienfaits; et il les méritait. Un souverain, qui méconnaît les services rendus à ses ennemis, par ceux dont il ne doit rien attendre pour lui-même, commet une grande faute en politique. C'est annoncer à ses créatures, à ses amis, s'il est assez heureux pour en avoir, que si jamais il succombe dans une lutte toujours possible, le vainqueur les punira d'avoir fait leur devoir. On sent combien une telle idée serait décourageante, et quelles suites funestes elle pourrait entraîner.

Page 163. « Gustave trois, m'a dit
» à Paris, en présence de M. le comte
» de Creutz, encore aujourd'hui son
» ambassadeur en France, et de M.
» le comte de Levenhaupt, que la re-
» lation envoyée au Sénat de Suède,
» était absolument conforme à mon
» récit ».

M. R. trouve l'opinion du roi de Suède d'un très-grand poids, et je suis entièrement de son avis. Il est donc avéré que la relation de la révolution de 1762 a été envoyée au Sénat de Suède. Observons d'abord que cette phrase, faisant partie de la seconde lettre à madame d'Egmont, datée de 1773, il est question du premier voyage de Gustave en France, qui a eu lieu en 1771; il était alors prince royal. Le Sénat à cette époque, réunissait la toute-puissance : le père de Gustave, revêtu du seul titre de roi, gémissait sous le despotisme le plus absolu. Or, si son fils a eu connaissance de la relation envoyée par la Russie, il n'est pas douteux que tous les Sénateurs sans exception, ne l'aient connue, n'aient pu en tirer des copies, s'ils l'ont voulu. Cela posé, comment une histoire confiée à trente ou quarante personnes, qui n'avaient pas promis le secret, n'a-t-elle pas transpiré? A quoi bon ces offres brillantes, ces menaces faites à M. R., pour anéantir un manuscrit dont il pouvait exister tant de copies ! Comment cette relation n'a-t-elle pas été publiée en Suède, lors de la guerre avec la Russie? Tout cet échaffaudage de l'auteur devient encore plus invraisemblable par sa conversation avec Gustave.

Page 174. La princesse Daschekow, y est encore représentée à 18 ans; j'ai relevé plus haut cette inexactitude.

L'auteur termine son récit en disant : « que rien ne pourra convaincre ceux » qui ne sont pas convaincus par tout » ce qu'il a dit, et qu'il croit avoir » suffisamment justifié aux yeux de » madame d'Egmont, un ouvrage qui » n'a été conçu que sous ses auspices ».

Il a raison; ceux qui ne sont pas convaincus par tout ce qu'il a dit, et je suis de ce nombre, ne le seront jamais M. R. écrit des anecdotes dont il se dit sûr, y ajoute le témoignage de gens irréprochables, et prétend nous forcer à les croire aveuglément, pendant que ni lui, ni les témoins qu'il cite n'ont pu connaître ces événemens que par la voix publique : il y aurait de la part de ses lecteurs trop de complaisance, ou trop de légèreté. Je suis fort éloigné d'accorder à l'auteur que son ouvrage, quoique conçu sous les auspices d'une grande Dame, soit justifié à ses yeux : je ne l'ai pas connue personnellement ; mais la réputation dont elle a joui de tout temps dans le monde, m'assure que si cette histoire a été jugée sans prévention, l'hommage de M. R. aura été reconnu complettement indigne de madame d'Egmont.

Mémoires secrets sur la Russie, et particulièrement sur la fin du règne de Catherine II, et sur celui de Paul Ier. Amsterdam 1800, et Paris 1802 ; trois volumes *in-8°*, de 355, 295, et 444 pages.

―――――

Quoique l'auteur de ces mémoires n'y ait pas mis son nom, personne n'ignore que c'est un M. Masson, Français, ou plutôt de la principauté de Montbelliard, ci-devant au service de Russie ; il les avoue, et conséquemment je suis dispensé de respecter le voile de l'anonyme sous lequel il avait d'abord paru vouloir s'envelopper. Cet ouvrage a fait une assez grande sensation, qu'il faut attribuer à l'importance et à l'intérêt du sujet ; à beaucoup d'égards, il me paraît ne pas la justifier. Au travers de quelques détails curieux percent l'injustice et la malignité les moins équivoques. Kotzbue, dans le second volume de son ouvrage, ayant pour titre, *l'année la plus remarquable de ma vie*, l'a critiqué sévèrement, peut-être même un peu brutalement. Il est permis de suspecter la franchise de cet écrivain, qui, rappellé par Paul de Sibérie, dédommagé amplement, par sa générosité, de tout ce qu'il avait injustement souffert, a oublié des torts aussi loyalement réparés ; il a pu être emporté par la reconnaissance, comme M. M. l'a été par la vengeance et l'animosité. Mais, en les accusant l'un et l'autre d'avoir donné quelques atteintes à la vérité, combien le rôle de l'auteur des mémoires est au-dessous du rôle de Kotzbue ! Le sentiment qui a égaré celui-ci, porte avec lui son excuse.

Page 3 de la préface. « J'ai déjà » publié quelques petits ouvrages, où » je ne me suis pas nommé, parce qu'ils » étaient purement littéraires, et n'intéressaient que ma vanité. Mais, aujourd'hui que j'ose parler avec hardiesse et franchise d'une grande nation, d'une cour pompeuse, d'une souveraine presque déifiée, et surtout d'un tyran aussi vindicatif que puissant, je me ferai connaître. »

Qui ne croirait, en lisant cette phrase, que l'auteur est l'homme du monde le plus modeste et le plus courageux? Modeste, parce qu'il a publié, sous le voile de l'anonyme, quelques opuscules qui lui auraient fait honneur; courageux, parce qu'il s'est nommé en insultant une nation entière et ses souverains. J'ai le malheur de voir, dans cette conduite, précisément l'opposé de ce que M. M. voudrait qu'on y vît. La vraie modestie ne consiste pas toujours à garder l'anonyme, en mettant au jour ses productions : il faut, pour mériter le titre qu'ambitionne l'auteur, que ces ouvrages anonymes soient bons, sans quoi, la modestie consiste à se nommer. Or, qu'a fait M. M. ? Quelles sont ces productions littéraires qui intéressaient uniquement sa vanité ? Quant au courage, c'est donner une étrange preuve du sien, que d'écrire trois volumes, pour déchirer une nation estimable, à plusieurs égards, dont on peut dire même, que presque tous les vices sont dûs à la forme de son gouvernement. Il y aurait eu un grand courage à publier les mémoires secrets à la cour de Paul 1ᵉʳ; ce courage, il est vrai, aurait tenu de la sottise, et personne n'aurait plaint l'imprudent écrivain traîné dans les déserts de la Sibérie. Mais, de bonne foi, écrire ce ramas d'invectives à cinq cent lieues du peuple qu'on dénigre, hors de la portée du souverain qu'on veut déshonorer, n'est-ce pas l'opposé du courage? Que conclure? Que les mémoires secrets ne devaient paraître ni en Russie, ni hors de Russie; l'examen que je vais en faire, convaincra tout lecteur impartial de cette vérité.

Page 4. « La proscription dont j'ai » été victime en Russie, ne m'a point » inspiré ces mémoires; mais, c'est » peut-être l'indignation qui me donne » le courage de les publier ». A qui espère-t-on persuader que cette proscription n'a influé en rien sur ces mémoires? Le ton seul qui y règne, suffit pour démontrer le contraire. L'auteur s'abuse; dans sa position, ce n'est jamais l'indignation qui donne le courage de publier de tels ouvrages: c'est toujours un motif de vengeance particulière, le desir d'atteindre avec la plume; celui qu'on ne peut atteindre avec d'autres armes.

Page 5. « Il ne faut pas moins que le plus juste ressentiment, pour m'enhardir à parler, pendant que j'erre encore sans patrie et sans asyle ».

C'est donc le ressentiment qui a dicté ces mémoires : l'auteur est donc suspect, par cela seul : errer sans patrie, n'est pas un obstacle ; il suffit de n'être pas en Russie.

Idem. « Les despotes peuvent enchaîner et faire mourir ; moi je puis penser et écrire ».

Les despotes n'enchaînent pas à la distance qui sépare M. M. de Pétersbourg ; ne rirait-il pas d'un homme qui dirait à deux lieues d'un champ de bataille ; *les boulets et les balles peuvent tuer, mais je ne les crains pas?* Voilà pourtant son raisonnement. S'il eût pu redouter les effets de la colère de Paul, il se serait contenté de penser, et n'aurait point écrit ; j'ajoute même qu'il aurait bien fait. Je ne lui accorderai pas que ce droit (d'écrire) soit très-*innocent*, comme il l'assure dans la même phrase ; jamais la calomnie n'a été innocente, et je prouverai tout à l'heure, que cet écrivain s'en est rendu coupable à plusieurs reprises.

Page 8. « C'est bien mal reconnaître » l'hospitalité dont on a joui dans un » empire, que d'en dénigrer les habi- » tans ».

On verra comment a été suivi ce principe, qu'on ne saurait contester.

Page 9. Rien de plus plaisant que l'avis de l'éditeur ; il s'excuse de ne pouvoir offrir à ses lecteurs le récit intéressant qui suivait l'introduction ; ils auraient connu le rôle qu'a joué l'auteur à la cour de Russie, les postes qu'il a occupés, son caractère, ses principes. Selon lui, chaque ligne des mémoires doit convaincre de leur véracité. Enfin, pour nous faire attendre moins impatiemment cette importante relation, il nous l'annonce très-positivement dans le troisième volume des mémoires secrets. Ce troisième volume a paru, et nous n'en savons pas davantage sur M. M. Il faut que les considérations *de la dernière importance*, et les *circonstances extraordinaires*, subsistent encore. Que faire ? nous résigner, et prendre patience.

Page 4. « Les plans de Catherine
» n'étaient rien moins que d'envoyer
» Gustave, à la tête de ses Suédois, jouer
» en France le rôle qu'avaient jadis
» joué en Allemagne et en Pologne,
» Gustave-Adolphe et Charles XII,
» dans l'espérance qu'il y trouverait la
» même fin ».

Il eût été glorieux pour Gustave III, de jouer en France le rôle que ces deux rois ont joué en Allemagne et en Pologne ; rien ne lui manquait pour obtenir les mêmes succès : seulement il eût trouvé plus de difficultés que ses prédécesseurs, et sa gloire en eût été d'autant plus entière. Toujours victorieux, Gustave — Adolphe périt au milieu de ses triomphes ; quant à Charles XII, M. M. ne peut ignorer que ce n'est dans aucun de ces pays, qu'il a trouvé la fin que Catherine voulait, dit-il, procurer au roi de Suède. Mais comment un homme si profondément versé dans le secret des cours, pour qui les cabinets n'ont rien eu de caché, ignore-t-il que Catherine fournissait à Gustave un nombre de vaisseaux égal aux siens, et un corps de troupes plus considérable que ses Suédois? Comment ne sait-il pas que le traité conclu entre ces deux puissances en 1791 (quoique pour 8 ans), n'avait pas d'autre but ; que dès le mois d'avril de cette année (1791) le général Russe qui devait commander sous Gustave, était désigné et connu? Or, était-il naturel que l'impératrice desirât la défaite et la mort de celui avec qui elle se coalisait, à qui elle fournissait des secours effectifs? Peut-être en sais-je là dessus un peu plus que l'auteur des mémoires : plus prudent que lui, je m'en tiendrai là, et n'affirmerai pas des choses que je n'ai ni la volonté, ni la possibilité de prouver.

Page 6. Tout ce que M. M. se permet contre Armfelt, est démenti par la conduite du roi de Suède à son égard: s'il eût été coupable de ce dont on l'accuse, d'avoir conspiré contre son gouvernement, d'avoir voulu vendre son pays à une puissance étrangère, le jeune monarque lui eût-il rendu ses bonnes graces? Au reste, la conduite du régent avec toutes les personnes attachées à son frère, devait préparer Armfelt à sa disgrace; il avait trop aimé Gustave pour plaire à un prince qui affichait des principes aussi diamétralement opposés. Que la Russie l'ait accueilli, protégé, la chose est simple, et n'a pas besoin d'une trahison pour être légitimée.

Page 88. « Frédéric, ce grand hom-
» me, dictateur des rois de l'Europe,
» venait en mourant de la laisser
» doyenne des têtes couronnées ».

Cela n'est point exact : Charles III a vécu encore plusieurs années ; il était beaucoup plus âgé que Catherine, et plus anciennement souverain.

Page 89. « Mais la révolution fran-
» çaise, cette révolution si funeste aux
» rois, le fut sur-tout à Catherine ».

Parmi les têtes couronnées, cette princesse était celle qui devait le moins redouter notre révolution. L'éloignement extrême de son empire, suffisait pour calmer ses craintes ; le torrent destructeur aurait dû traverser d'autres royaumes pour parvenir jusqu'à elle, et la nature de son gouvernement lui offrait d'infaillibles moyens de l'arrêter. Que lui a coûté cette révolution si funeste ? Quelques millions de roubles semés çà et là, pas un seul homme. Si l'on compare ces légères pertes à celles qu'ont essuyées les autres souverains, de quel côté sera l'avantage ? Le roi de Prusse perd dans une campagne le tiers de son armée, et peu après conclud la paix avec un gouvernement qui n'a aucune stabilité. L'empereur sacrifie ses trésors et ses soldats; l'Espagne est forcée, non-seulement de faire sa paix, mais de s'allier avec une nation encore fumante du sang de ce monarque, à l'un des ancêtres duquel son roi doit sa couronne. Le Pape renonce à la plus belle partie de ses états. Le roi de Sardaigne chassé du continent, est réduit à une isle sauvage. Voilà ceux pour qui notre révolution a été plus ou moins funeste. Ce sont là des faits. Peut-on mettre en balance les vaines terreurs de l'impératrice, et les *frémissemens* que l'auteur des mémoires se plaît à retracer, et qui, peut-être, ont pris naissance dans sa propre imagination ? Que cette princesse ait usé de précaution, ait employé sa puissance pour fermer à nos principes révolutionnaires l'entrée de ses états, on ne saurait l'en blâmer ; et dans ce sens, il a été fort heureux pour elle, que des craintes, même exagérées, l'aient empêchée de s'endormir dans une trompeuse sécurité. La confiance doit avoir ses bornes ; le vieux proverbe *que la défiance est mère de la sûreté*, s'est vérifié bien des fois depuis douze ans.

Page 91. « Si la démence de Cathe-
» rine ne l'eût point emportée à se
» jeter ainsi sur la malheureuse Po-
» logne, et à fomenter ensuite des
» factions en Prusse et en Suède, elle

» n'eût point révolté l'Europe con-
» tr'elle et le parti des rois ».

M. M. affirme positivement que l'impératrice a avancé et affermi notre révolution ; comme il n'est pas d'idée neuve, extraordinaire, que ce grand évènement n'ait mise au jour, je suis moins étonné de celle-là. En quoi l'invasion de la Pologne a-t-elle pu consolider la révolution française ? Parce qu'elle a forcé le roi de Prusse à faire sa paix, pour être en mesure vis-à-vis d'elle : quelle pitoyable raison ! La conduite postérieure de la Prusse, lorsque le partage de la Pologne, bien consolidé, ne pouvait laisser aucune crainte à Frédéric-Guillaume, a démontré qu'elle était le résultat d'un système suivi, et non l'ouvrage éphémère des circonstances. L'Espagne a été indignée, dit M. M., des injures de Catherine ; hélas ! l'Espagne n'eût-elle reçu que des complimens de l'Europe entière, n'en eût pas moins fait sa paix, sous peine de nous voir à Madrid avant deux mois.

Page 125. L'auteur gratifie M. de Cobentzel, ambassadeur de l'empereur à Pétersbourg, de près de soixante ans ; c'est environ *dix* de trop, et pour un homme qui l'a beaucoup connu, *passant sa vie* à la cour, l'erreur est trop grossière.

Page 169. « Si, dans ces mémoires, » on ne parle plus de la révolution de » 1762 ; c'est que l'Europe en est suffi- » samment instruite par l'histoire qu'en » a laissée Rhulière, et qui est, en » tout, conforme à ce que tout le monde » sait et croit maintenant ».

On a vu plus haut dans mon examen de cette histoire, que la relation de M. M. en différait en un point bien essentiel, le nom des meurtriers ; n'est-il pas plaisant de voir actuellement l'auteur des mémoires, prôner l'exac-
tituide

titude de Rhulière, en ne disant pas comme lui?

Page 179. « Après le meurtre de son » mari, le massacre d'Jvan, et l'usur- » pation du trône, le plus grand crime » de Catherine fut, peut-être, sa con- » duite avec son fils ».

De ces crimes, les deux derniers seulement sont prouvés; quoique plusieurs écrivains se soyent plûs à affirmer que cette Princesse fut coupable de la mort de Pierre et de celle d'Jvan, rien n'est moins sûr. Je ne répéterai pas ce que j'ai dit à ce sujet ; quels motifs me font regarder Catherine comme imcapable de ces meurtres: il me suffit que les crimes ne soient pas prouvés, pour que ceux qui l'accusent, méritent d'être rangés parmi les calomniateurs. C'est ici, plus que jamais le cas d'appliquer l'axiome de droit: *que les négatives ne se prouvent pas.*

M. M. ajoute que l'impératrice a long-tems balancé si elle devait se défaire de son fils; je n'y mets aucun doute: après l'assassinat de son époux, celui d'Jvan, quel motif pouvait la porter à laisser vivre l'héritier légitime d'un trône usurpé? Aucun : Sans ce nouveau forfait, jamais elle ne devait jouir d'une tranquillité stable : pourquoi donc ne l'a-t-elle pas commis? la mort d'Jvan était moins nécessaire que celle de Paul; et après une telle série de crimes, on ne s'arrête pas en si beau chemin.

L'auteur des Mémoires prétend que Catherine a tué moralement son fils ; qu'elle a étouffé, par ses mauvais traitemens, toutes les qualités qu'il annonçait dans son enfance. Je me permettrai d'observer qu'il est à-peu-près impossible, qu'un Prince qui a été élevé, comme l'a été Paul, s'il a eu effectivement, *de l'esprit*, *de l'activité*, *des dispositions pour les sciences ; des sentimens d'ordre et de justice*, ait pu changer au point de justifier l'affreux portrait que fait de lui M. M. Je dois donc approuver la conduite de Catherine qui, reconnaissant son fils incapable de gouverner un grand peuple, a voulu qu'après elle son trône fût occupé par un souverain plus digne de lui succéder, ou révoquer en doute la véracité des Mémoires secrets, et croire que l'auteur en parlant de Paul, n'a écouté que son ressentiment. Un Prince qui a mérité les titres odieux que lui prodigue M. M., n'a pu, dans aucun tems, déployer des qualités estimables, et sa mère devait à sa propre gloire, à son peuple, de le priver d'une couronne qu'il ne pouvait porter.

Page 234. Grande récapitulation de tous les forfaits de la cour de Russie, d'une cour qui venait de voir un père exécuter son fils (anecdote sur Pierre le Grand, prouvée comme tant d'autres); de cette Impératrice souillée du sang de deux Empereurs, dont l'un était son époux, et l'autre un enfant (de 24 ans). L'auteur ne se lasse pas de répéter les mêmes accusations; je ne me lasserai donc pas de lui dire que tout écrivain qui affirme des faits atroces, sans preuves, est un calomniateur. Or, jusqu'à présent, rien n'est démontré que la mort violente des deux Princes; les meurtriers sont aussi connus, ou à-peu-près: c'est tout ce que nous en savons; l'homme juste et sage s'en tient-là, et n'ajoute rien.

Idem. « Au moins observa-t-on quel-
» ques formes envers le malheureux
» Roi (Louis seize): mais Pierre, mais
» Jvan, l'innocent Jvan »!

Oser rappeler le jugement de Louis seize, pour y trouver l'observation des formes, c'est une dérision insultante dont je n'aurais pas cru capable l'auteur des Mémoires.

Page 245. » Un Anglais fut rencontré » par un officier de police qui lui prit » son chapeau rond (ils étaient prohibés » par l'Empereur). l'Anglais croisant » les bras, lui dit d'un air de compas- » sion : *mon ami que je te plains d'être Russe !* Cet Anglais là était, sans » doute, depuis dix ans à Pétersbourg, » et n'avait point de nouvelles de son « pays ».

L'exclamation de l'anglais me paraît naturelle : cet abus de pouvoir, cette vexation étrange et puérile, devaient exciter la pitié dans un citoyen d'un pays libre, soumis à des loix immuables et protectrices, dont les abus même font l'éloge, parce qu'ils prouvent qu'elles ne sont jamais interprétées par l'ignorance ou le caprice. M. M. a cru lancer une épigramme sanglante, en supposant que l'Anglais n'avait pas de nouvelles de son pays depuis long-tems: il a voulu faire un acte de républicanisme, en insultant une nation en guerre avec la France : actuellement il dirait le contraire, parce que la paix ne lui permettrait plus d'envisager les choses du même œil. Quelle petitesse, et combien elle est commune dans les écrivains du jour! Quel rapport le cabinet de Londres a-t-il avec le corps de la Nation ? Sa politique fût-elle astucieuse, machiavélique, la constitution anglaise en mériterait-elle moins notre admiration ? La paix ou la guerre y portent-elles quelque atteinte ? On peut aujourd'hui, sans craindre de passer pour agent de Pitt, rendre au gouvernement anglais la justice qui lui est dûe : depuis dix ans l'Angleterre a déployé une masse de puissance dont aucun peuple ancien ou moderne n'avait donné l'idée : toutes les mers ont été couvertes de ses vaisseaux ; elle a régné dans les quatre parties du monde ; tenant à sa solde plusieurs puissances continentales, elle a prodigieusement accru sa dette déjà immense, et son crédit n'en a pas souffert. Oui, un Anglais, quoique habitant Pétersbourg depuis plusieurs années, peut se glorifier de sa patrie, et regarder avec compassion l'esclave d'un despote exécutant servilement un ordre ridicule; et le tems n'est pas éloigné où l'apostrophe adressée au Russe aurait convenu parfaitement à un Français.

Page 267. « L'épouse de Paul n'a » point, comme l'ambitieuse Catherine, » caressé les Russes, en adoptant leurs » mœurs, leur langue et leurs préjugés ».

Toujours éloignée du pouvoir, même pendant le règne de son époux, elle n'en a pas eu besoin. Catherine devenue toute puissante, a montré beaucoup d'adresse dans sa conduite; et si Pierre avait agi comme elle, la révolution de 1762 n'aurait pas eu lieu. Une couronne vaut bien quelques sacrifices; la nation Russe, neuve, idolâtre de ses anciens usages, pouvait-elle ne pas savoir gré à sa souveraine, à une Princesse étrangère, de les adopter? Aussi trente cinq ans d'un règne glorieux ont été sa récompense. Pierre a négligé ce devoir impérieusement dicté par la politique; son fils a suivi ce dangereux exemple: l'un et l'autre ont été punis.

Page 283. « le Comte Nicolas Sol-
» tikow, Feld-Maréchal, ministre de
» la guerre, et grand maître des jeunes
» grands Ducs .... ».

Trois lignes de points: que signifie cette réticence? M. M. a donc renoncé pour le moment à la noble franchise qui le caractérise, et qu'il se plait à mettre si fréquemment en avant? Il oublie que d'après le genre de ses portraits, son silence en fera penser sur Nicolas Soltikow, plus encore qu'il n'en pourrait dire? Il a donc manqué son but, s'il a eu celui de ménager ce seigneur Russe. Au reste, il est assez plaisant qu'on trouve des lignes en blanc, l'apparence de la discrétion dans un ouvrage presqu'entiérement composé de diatribes et de calomnies.

Page 294. « Repnin s'était attiré la
» haine de Catherine, en se pronon-
» çant en faveur de Paul, et en lui con-
» seillant de réclamer ses droits sur un
» trône dont sa mère n'avait été pro-
» clamée que tutrice et régente ».

Si le Prince Repnin avait été capable de donner au Grand Duc un conseil aussi ridicule, il aurait mérité sa disgrace; d'abord il est faux que Catherine n'ait été proclamée que tutrice et régente; il suffit de jeter les yeux sur les pièces de la révolution de 1762, pour être convaincu qu'elle se déclara *souveraine*: Repnin aurait confondu ce que l'Impératrice devait faire avec ce qu'elle avait fait: mais je ne crains pas d'avancer que ce conseil n'a jamais été donné à Paul, ou n'a pu lui être donné que par un traitre. Auprès de qui le Grand Duc aurait-il réclamé ses droits? A quel tribunal aurait-il cité l'usurpatrice de sa couronne? Quels étaient ses moyens? En vérité, M. M. vous n'avez pas réfléchi, en écrivant cette phrase: votre plume se fût refusée à la tracer.

Ce volume est terminé par les portraits de plusieurs seigneurs, ministres et généraux: c'est-là que l'auteur s'est livré à son goût favori ; presque tous sont déchirés plus ou moins: quelques-uns le sont au point, qu'ils font naitre des soupçons très-fondés, sur la fidélité des récits. Bedsborodko, Markow, Samoilow et autres sont passés en revue. Souvorow est peint sous les plus affreuses, les plus dégoûtantes couleurs. Que le devoir de l'historien est pénible, lorsqu'il est forcé de proclamer des vérités aussi cruelles! Mais que l'historien est à plaindre, lorsqu'il prend pour des vérités les prestiges de son imagination, où les élans d'un ressentiment aveugle qui perce malgré lui!

TOME SECOND.

Page 16 — 28. Ces pages sont consacrées à démontrer au peuple, et surtout à la Noblesse qui, *seule*, peut entendre M. M., qu'une révolution est indispensable en Russie. Les détails dans lesquels il entre, ont rendu plus indispensable encore la prohibition de son livre dans l'empire. Il est permis de dire quelques vérités, même dures, à des hommes puissans, sur-tout à cinq cent lieues d'eux; mais il ne l'est jamais d'attaquer les bases d'un gouvernement quelconque, pour porter un peuple à la rebellion. Tel despote qui eût été éclairé par une leçon directe et hardie, n'est plus qu'indigné, si elle est suivie d'un plan de révolte, et je suis forcé d'avouer qu'il a raison. Celui qui en sera surpris connaîtra bien peu les hommes, et sur-tout les hommes revêtus de l'autorité suprême.

Page 22. « Mais une catastrophe » plus prochaine qui paraît menacer » les Tzars, c'est un démembrement » de leur vaste empire ».

Je ne crois cette catastrophe ni prochaine ni malheureuse pour les Tzars. Tant que la Russie ne comptera que 30 millions d'habitans sur une étendue qui pourrait facilement en nourrir vingt fois autant, ce démembrement n'aura pas lieu. Ce ne seront pas les provinces européennes, celles que touchent la Prusse, la Turquie, la Suède, qui se détacheront de la métropole. Eh ! que ferait à l'empire la perte de quelques centaines de lieues vers la mer glaciale ou le Kamschatka ? ce démembrement

brement ne serait jamais parfait; c'est-
à-dire qu'aucun souverain ne devien-
drait le maître de ces provinces, aucun
n'étant en position de les garder, si la
folie de s'en emparer pouvait entrer
dans une tête humaine. Il faudrait donc
qu'elles se rendissent indépendantes :
que feraient-elles de leur liberté? Quel
tort cette indépendance porterait-elle
aux Tzars? Un démembrement ne sera
praticable en Russie, que lorsqu'elle
sera généralement peuplée, non comme
la France ou l'Italie, ce qui ne peut
être, mais seulement comme les provinces voisines de Moscou. Alors il de-
viendra impossible à un seul homme
d'en gouverner 3 ou 400 millions répan-
dus sur la septième partie des terres connues du globe : c'est assurément ce dont
M. M. et moi devons peu nous effrayer:
et je crois pouvoir promettre aux Empereurs Russes, une longue suite de
règnes qui ne verront pas ce grand

événement, dont au reste ils se consoleraient par l'accroissement de population, et conséquemment de puissance qui en résulterait pour eux.

Page 26, « Craindriez-vous une cons» titution? Vous n'avez pas encore de
» loix. Redouteriez-vous une assemblée
» nationale? Eh! vous n'avez pas en» core un parlement, pas même un
» divan; car votre sénat est loin de mé» riter ce nom ».

C'est aux nobles Russes que l'auteur s'adresse; et tout en les effrayant par la perspective d'une révolution, il leur démontre qu'elle est à-peu-près impossible: c'est ce qui s'appelle offrir le remède à côté du mal. Mais est-il bien reconnu qu'avant d'avoir une constitution, il faille de nécessité avoir des loix? En accordant à M. M. que les Russes n'en ont point (ce qui admettrait une discussion sur quelques points), quel obstacle trouverait

Alexandre à établir dans ses états une constitution fixe, immuable, éternelle, autant du-moins que peut l'être l'ouvrage des hommes ? Elle aurait donc alors précédé les loix, et le principe invoqué ci-dessus perdrait toute sa force. Je dis plus ; un peuple esclave, soumis à l'autorité despotique d'un seul, est moins éloigné de cette constitution, puisque son établissement dépend de la volonté d'un homme. Il peut la faire, la proclamer, sans consulter personne ; son désir est la voix de tous. N'avons-nous pas vu un grand peuple, gouverné de tout tems par des loix, se rendre libre, se créer une constitution au milieu des orages, pour en changer trois fois en huit ans, et par les plus violentes secousses ? La Russie n'achetérait pas la sienne à si haut prix ; mais, me dira-t-on, cette volonté du souverain, uniquement et absolument nécessaire, n'arrivera jamais : je conviens qu'il en est peu dont l'ame soit assez grande pour limiter volontairement un pouvoir immense : cependant Alexandre premier me paraît capable d'une aussi glorieuse entreprise; il est jeune : si le ciel lui accorde les années de son ayeule, s'il est bien entouré, rien ne sera étranger à sa sollicitude paternelle, comme rien n'est au-dessus de ses moyens.

Sans convenir, avec les écrivains du jour, que Louis Seize fut précisément despote, dans toute l'acception du mot, je ne puis nier que sa puissance ne fût absolue : il est constant que son consentement était indispensable pour la convocation des états-généraux; il l'est également qu'il a eu plusieurs fois les moyens d'arrêter ce torrent, qui a fini par l'entraîner lui-même. Ce prince, au faîte des grandeurs, ne pouvant que descendre, a donc permis volontairement un changement d'ordre qui devait lui être funeste, puisque sa position s'opposait physiquement à ce qu'il montât plus haut. Il a donc sacrifié une portion de sa puissance à ce qu'il a cru le bien de ses peuples : il l'a fait avec franchise, avec loyauté ; il a travaillé contre lui-même : tous ceux qui ont coopéré à la révolution ont cru y gagner : je n'excepte aucun ordre de l'état, aucun individu. Louis seize est donc le seul homme en France qui a voulu la révolution de bonne foi, sans intérêt personnel, puisqu'il était le seul en état de l'empêcher, et qui ne pouvait y rien gagner. Cette réflexion a surement été faite, et je n'ai pas la présomption de la donner pour neuve : ignorant même si elle a été publiée, je l'imprime ici, pour prouver que les rois sont quelquefois capables de grandes choses, de résolutions louables et généreuses : mon opinion sur Alexandre est donc fondée : le tems n'est plus, où c'était un crime de soupçonner quelque vertu dans un souverain, et un plus grand encore de l'écrire. Revenons aux Mémoires secrets que cette digression, quoique à sa place, m'a fait perdre de vue.

Je dirai la même chose à M. M. pour l'assemblée nationale : que fait un parlement à cette convocation ? Le croit-il nécessaire, parce que c'est à ces corps judiciaires que la France a dû ses États-généraux ? Un simple ukase d'Alexandre créerait des représentans de la noblesse, du clergé, des bourgeois : le paysan serait étranger à cette assemblée : eh ! ne l'a-t-il pas été en France ? Paraissant y être appellé comme le reste des citoyens, n'en a-t-il pas été éloigné par le fait ? Nous avons cru pourtant, bonnes gens que nous sommes, le tiers-état représenté par des bourgeois de ville, des médecins, sur-tout des gens de loi: ils en sont une partie sans doute; mais ils n'en sont ni la plus nombreuse ni la plus intéressante.

Page 27. « Vous aurez encore des » *Jarmak*, des *Razin*, des *Pugats-* » *chew*, avant d'avoir des Lafayette, » des Dumouriez ».

Le premier, qu'il faut appeller *Jermak*, ne doit pas être confondu avec les deux autres, brigands féroces, qui ont péri dans les supplices. Quel rapprochement a prétendu faire M. M., en citant Lafayette et Dumouriez? Le sens de sa phrase ne permet pas de douter qu'il n'ait voulu offrir dans la personne de ces deux généraux, des modèles de loyauté, de fidélité, d'attachement à leur Prince, puisqu'il les met en opposition avec des monstres révoltés contre leur souverain. Je ne puis que féliciter l'auteur des Mémoires sur la sagacité de son choix.

Idem. « Vous éprouverez encore
» toutes les horreurs des révolutions
» de cour avant de voir celles du peu-
» ple ».

Ceux à qui s'adresse cette prédiction, seraient bien fâchés qu'elle ne s'accomplît pas : que font les révolutions de cour aux hommes puissans? Les empêchent-elles de jouir de leurs richesses? Les *horreurs* des révolutions du peuple sont bien autrement redoutables pour eux, et l'on ne saurait les blâmer de les ajourner aussi long-tems qu'ils le pourront.

Page 128. « Mais enfin, cette épo-
» que mémorable doit arriver en Rus-
» sie, comme ailleurs : la marche de
» la liberté est, comme celle du tems,
» lente, mais sûre, et le nord la re-
» verra un jour ».

Oui ; la marche du tems est sûre ; en Russie, comme ailleurs, l'heure de la liberté sonnera un jour. Mais, dans quelle erreur tomberait celui qui ne verrait dans cette époque si mémorable que l'ouvrage de la liberté ? Je partage l'opinion de l'auteur, par la seule raison que tout doit changer; qu'un ordre de choses qui a duré plusieurs siècles, doit faire place à un autre. Le même jour verra peut-être l'affranchissement du nord et l'esclavage du midi. L'idée de l'univers libre dans toutes ses parties, est une chimère qui ne se réalisera jamais. Tous les peuples, toutes les nations tendent à un changement; il est commandé par la marche irrésistible des événemens; par l'ordre même de la nature : les circonstances peuvent le retarder, le suspendre pendant long-tems; il arrive toujours. C'est donc l'ouvrage du tems, non l'ouvrage de la liberté; ouvrons l'histoire, elle lèvera nos doutes : nous verrons les nations tour-à-tour obéissant à des maîtres, libres, soumises de nouveau; c'est un cercle autour duquel nous tournerons sans cesse ; et persuadons-nous bien que ni la liberté, ni le despotisme, ne peuvent toujours durer. La Russie libre autrefois, aujourd'hui esclave, redeviendra libre, comme des peuples qui le sont aujourd'hui, cesseront de l'être, pour le redevenir un jour.

Page 92. « Moscou sous le même » degré que Londres ». Il y quelque différence, comme de 52 degrés à 56. L'auteur ne s'occupe pas de pareilles minuties.

Page 35. « Les Émigrés Français ont » démontré que la révolution n'est arri- » vée en France, que parce que la reine » avait négligé l'étiquette, et que le » roi avait été trop populaire ».

Cette phrase n'a été écrite que pour tourner en ridicule ceux à qui on l'attribue ; sans affirmer précisément que la révolution soit due à cette cause, ce qui serait tomber dans l'excès contraire, je pense que la suppression de toute étiquette, des habits parés, de l'épée, a pu influer beaucoup sur les événemens. Le commun des hommes est captivé par les yeux ; hors d'état de juger l'intérieur, il s'en tient à l'écorce, et finit par voir du même œil le maître et le valet, si leur costume permet de les confondre.

La trop grande popularité est déplacée chez les rois ; condamnés à passer leur vie sur un théâtre, ils ne doivent jamais oublier le rôle qu'ils jouent. L'immortelle Catherine a suivi scrupuleusement ce principe ; Gustave III a toujours été convaincu de la nécessité de l'étiquette, et sa cour offrait en petit celle de Versailles. L'un et l'autre ont laissé une réputation trop bien établie d'esprit et de lumières, pour être soupçonnés de n'avoir pas agi par politique, en conservant des usages presque ridicules, en s'imposant à eux mêmes des obligations fatigantes, que l'homme sensé doit regarder en pitié. Louis XVI a donc imprudemment toléré ce relâchement extrême dans l'étiquette de sa cour. Simple dans ses goûts comme dans ses mœurs, il s'est souvenu seulement qu'il était homme : il a oublié qu'il était roi.

Page 36. « Quand cessera-t-on de
» lire dans ces géographies allemandes ?
» il y a en Europe tant de gouver-
» nemens absolus, le Danemarck, la
» Russie, etc., comme si la Russie avait
» un gouvernement pareil à celui du
» Danemarck ».

J'admire l'étonnement de l'auteur; les géographies allemandes ne sont pas les seules où se trouve cette phrase dont il paraît si étrangement courroucé. Les Géographes de toutes les nations s'accorderont sur ce point, et classeront toujours le Danemarck parmi les états despotiques, au moins jusqu'à ce qu'il
ne

ne le soit plus. M. M. prétendrait-il nier que le gouvernement du Danemarck ne soit despotique dans toute l'étendue de ce mot ? Je l'engagerais à lire (ce qu'il a surement déjà fait) la loi royale de 1660 : il serait bientôt désabusé. Le titre d'autocrate que portent les souverains Russes ne signifie rien de plus, parce que les monarques Danois, étant despotes autant que l'homme peut l'être, et l'étant depuis 140 ans, par une loi fondamentale de l'état, par le consentement, libre ou forcé, de tous les ordres, l'esprit ne saurait rien concevoir au-delà.

Les écrivains politiques n'oublient jamais de citer le despotisme des rois de Danemarck, et de gémir sur le malheur d'un peuple aussi arbitrairement gouverné. M. M., n'écrivant que sur les Russes, est tellement plein de son sujet, qu'il ne fait aucune reflexion sur les Danois; il serait presque tenté, de les appeller républicains. Mais, quel argument cette nation oppose aux sectateurs ardens, enthousiastes de la liberté! Depuis près d'un siècle et demi, elle n'a pas eu à se repentir d'une démarche plus que délicate : ni celui qu'elle a investi d'un pouvoir sans bornes, ni aucun de ses successeurs, ne se sont montrés indignes de cette effrayante autorité.

Je ne puis me refuser au plaisir de citer les passages suivans, extraits d'une note du tome 3.me, page 156. « Cette » nation libre, (le Danemarck) s'im- » posa volontairement en 1660, le joug » le plus illimité.... Ce gouvernement » s'est montré dans ces circonstances, » le plus sage et le plus vertueux de » l'Europe ». On voit d'abord que le gouvernement du Danemarck est despotique dans toute l'acception du mot; ainsi l'étonnement de l'auteur sur la qualification que lui donnent les Géographes est parfaitement bien fondée ; de plus, un gouvernement despotique peut être *sage* et *vertueux*. On n'a pas la peine de chercher les réponses aux argumens de M. M.; il les fournit lui-même ; j'offrirai tout à l'heure un second exemple de ces contradictions si choquantes relativement au serment prêté par les Français en Russie. Le reste de la note est consacré à démontrer que Pitt est le plus *inepte* et le plus *scélerat* de tous les ministres qui ont existé ; c'est un Actéon politique, dévoré par la meute qu'il avait dressée, (superbe image) ! Il présente un assemblage de crimes, d'orgueil et de perfidie ; le portrait est achevé. Si Pitt lit jamais cette note, elle l'amusera ; mais je tremble que M. de Bernstorf ne soit désespéré des éloges dont on l'accable, et je serais tenté de croire qu'il a encouru la disgrâce de l'auteur des mémoires.

Idem. » C'est un pareil autocrate qui
» déclare dans ses oukas, que ses su-
» jets ne peuvent avoir de liaisons avec
» la France, parce qu'elle n'a point un
» gouvernement raisonnable et régu-
» lier !!! ».

Un souverain autocrate ou non, qui
en 1797 et 1798, époques des ukases
de Paul premier, a déclaré que le gouvernement de la France n'était pas de
nature à pouvoir s'y fier, n'a rien dit
que de très-raisonnable. Allons, M. M.,
répondez franchement ; supposez-vous
pour un moment, Empereur de toutes
les Russies ; transportez-vous au 18
fructidor, par exemple, et dites-moi
si vous auriez permis aux Russes des
liaisons quelconques avec la France,
recherché son alliance, toléré l'introduction dans vos états des écrits républicains ; si, enfin, son gouvernement
vous eût paru assez régulier, sur-tout
assez stable pour mériter la confiance

de l'Europe : je réponds à votre place ; vous auriez agi comme l'autocrate Paul, et si quelque observateur profond, quelque philosophe vous avait reproché les torts dont vous l'accusez, vous auriez répondu que votre gouvernement si critiqué, avait, au moins, le mérite de la stabilité, qui le mettait encore au-dessus de celui dont la forme avait changé trois fois en cinq ans.

Page 37. L'auteur ne néglige aucune occasion de porter les Russes à la révolte : il fait des complimens aux Dolgorouki, aux Soltikow : il rappelle que ce sont leurs ancêtres qui ont sécoué l'indigne tyrannie de Mentchikow et de Biren. « L'occasion renaît » plus heureuse que jamais : Paul en» voie son armée combattre à sept cents » lieues ; quel moment pour les bons » Russes » !

Comment un ouvrage qui contient

de si excellentes choses, a-t-il pu être prohibé en Russie ? Il faut que la censure s'étende bien loin, pour que des conseils aussi sages n'ayent pas été à couvert de la proscription. Je compare M. M. à ces charlatans qui exigent absolument que leurs décisions soient suivies à la lettre : quand le malade meurt, patience ; ils ne le ressuscitent pas. Si ces nobles Russes, assez sots pour écouter l'auteur des mémoires, persuadés que l'armée de Paul étant sur le Rhin, il ne restait pas un soldat dans l'empire, s'étaient rendus à ses pressantes sollicitations, le knout et la Sibérie en auraient fait justice, et personne n'aurait eu le mot à dire. Je voudrais savoir si M. M. aurait guéri leurs plaies, et les aurait ramenés de Tobolsk. Dans des affaires de ce genre, un bon donneur d'avis, bien pénétré de leur excellence, s'offre pour marcher à la tête des conjurés, et quitte la plume pour l'épée ; sans quoi il a trop de ressemblance avec le commun des prédicateurs.

Page 38. « Par la tournure que pren-
» nent les affaires, il n'est pas trop ha-
» sardé de prévoir que la première
» échancrure que l'on fera à cet énor-
» me pâté, sera du côté où il semble
» vouloir s'étendre encore, je veux dire
» du côté des Turcs ; soit que les grecs
» régénérés et affranchis repoussent en-
» fin les barbares Musulmans et Russes,
» soit que les Français puissent s'ou-
» vrir un chemin par l'Hellespont ».

Voici maintenant la Russie comparée à un pâté : l'idée est neuve et grande ; l'auteur a craint de fatiguer ses lecteurs par une suite non interrompue de détails trop sérieux ; il a voulu y mêler adroitement quelque chose de piquant et de gai ; c'est à merveille. Heureux les écrivains qui savent ainsi *passer du grave au doux, du plai-*

sant au sévère. Le choix de l'épithète est également admirable, et personne je pense, ne s'avisera de dire que celle d'*immense* ne convient pas à un pâté, comme on en voit peu. Quant à la première échancrure, rien n'annonce qu'elle se fera du côté que désigne M. M. : les grecs ne seront de longtems régénérés ni affranchis ; et si les barbares Musulmans sont un jour repoussés, ils le seront par les Russes et les Allemands, ce qui ne produira pas l'effet annoncé. Il y a moins à espérer encore du côté des Français ; je pourrais écrire dix pages, si je voulais déduire tous les motifs de mon incrédulité à cet égard : l'entrée des Français en Russie par l'Hellespont est une chimère qu'il est superflu de discuter : tout homme sensé a, sur ce point, son opinion faite : il faut que l'auteur ait moins écouté le bon sens, que son antipathie pour les Russes, lorsqu'il a écrit une prédiction aussi extraordinaire.

Page 39. Deux pages sont consacrées à instruire les lecteurs de ce qu'on entendait par *Jacobin* en Russie, sous le règne de Paul: l'énumération des signes auxquels on les reconnaissait est fort longue et trop comique, pour qu'il n'y ait pas un peu d'exagération, quoique l'auteur affirme, en la terminant, qu'il ne s'est aucunement écarté de la vérité. Mais, les charlatans sur les treteaux assurent aussi que leurs remèdes sont admirables, et qu'ils n'ont jamais tué personne. M. M. s'étendant avec autant de complaisance sur les jacobins, aurait dû, toujours pour l'instruction du public, désigner les marques auxquelles on les reconnaîtra ailleurs qu'en Russie. Je vais tâcher de réparer son oubli; si je suis moins plaisant, au moins serai-je plus concis que lui.

Celui qui écrit des libelles pour gagner

de l'argent, et dont les invectives sont dépourvues non seulement de preuves, mais de vraisemblance, *Jacobin.*

Celui qui parle toujours de sa franchise en écrivant des *contre-vérités*, et de son courage, en déchirant des hommes puissans qui ne peuvent l'atteindre, ou qui n'existent plus, *jacobin.*

Page 64. « On peut dire du soldat Russe qu'il est brave à force de lâcheté ».

Cela s'appelle voir les choses du mauvais côté. L'auteur n'a pu se dispenser de vanter la bravoure des Russes ; il corrige cet éloge, en l'attribuant à une cause honteuse ; c'est en vouloir beaucoup à une nation. Le courage seul ne constitue pas le bon soldat ; le Français aussi est brave ; je n'en mets pas moins une grande différence entre lui et le Russe : celui-ci a de plus la patience, la sobriété, l'obéissance passive, une dureté pour lui-même, qui le rend infatigable; qualités précieuses, parce qu'elles sont nécessaires tous les jours d'une campagne, et que la bravoure ne l'est réellement que les jours de combat. Le Russe est le meilleur soldat qui existe; l'Europe doit se féliciter de ce qu'il n'est pas mieux commandé.

Page 65. « Il y a loin de la valeur
» de ces soldats-là à celle de ces guer-
» riers, dont une feuille de chêne, ou
» une simple approbation de leur pa-
» trie, paye les exploits héroïques ».

Cette phrase suit l'énumération des croix, des épées d'or, des grades que Catherine accordait à ses officiers: elle s'imaginait, sans doute, qu'ils seraient plus sensibles à ces récompenses qu'à des feuilles de chêne, ou à l'approbation de leur conduite; je crois qu'elle a eu raison. Il n'existe pas un peuple moderne chez qui les exploits de ses défenseurs puissent être payés de cette manière; je m'explique: si on se bornaît à de pareilles récompenses; il faudrait bien que les guerriers s'en contentassent; devrai-je pour cela, être assuré qu'ils ne préféreraient pas les croix, les épées, les grades et les pensions? Ne faisons pas les hommes plus parfaits qu'ils ne sont. On peut être brave, bon citoyen, et desirer, pour prix d'une action glorieuse, autre chose que des feuilles de chêne.

Page 73. « Un prince Russe m'assuroit de quelque chose, *parole d'homme d'honneur*. Je lui dis: comment pouvez-vous m'engager *la parole d'un autre* »?

Voilà de ces anecdotes qui peuvent être vraies, mais qu'un écrivain a tort de raconter, lorsqu'elles le regardent personnellement. Si un Russe, choqué du facheux soupçon que cette historiette laisse planer sur la tête de tant d'individus, voulait éclaircir la chose, et priait M. M. de nommer ce prince, qui

qui endure si paisiblement la plus grossière impertinence, que ferait-il? Refuserait-il de le nommer? Ce refus, loin d'être regardé comme un acte de discrétion, ne permettrait plus de douter que l'anecdote ne fût un conte fait à plaisir, et d'un bien mauvais genre assurément. Le nommerait-il? Ce serait se jeter gratuitement dans un autre embarras; tout considéré, M. M. devait garder ce bon mot dans son portefeuille.

Page 113. « Encore aujourd'hui le
» Code de la servitude ne leur accorde
» pas (aux femmes) un ame, et ne
» les compte pas parmi les créatures
» humaines ».

Il est reconnu que les femmes en Russie (en exceptant celles des premières classes de la société) sont réellement esclaves d'autres esclaves; mais le code ne leur refuse pas une ame, parce qu'il ne les comprend pas dans la capitation, à laquelle sont soumis tous les individus mâles : et c'est abuser des termes, que de dire qu'on ne les classe pas parmi les créatures humaines, parce que le seigneur qui possède quarante mille ames des deux sexes, n'en compte que vingt mille : cela est simple ; il compte uniquement ceux qui le payent. Je regarde comme inutile de citer plusieurs nations, chez lesquelles cet usage subsiste : il suffira de nommer la Suède ; les femmes y sont exemptes de la contribution personnelle établie par la diète de 1772, sur tous les contribuables sans exception. Or, s'est-on jamais avisé de refuser une ame aux Suédoises, et de faire des complaintes sur leur sort ? Celui des femmes Russes tient à la nature du gouvernement. L'esclave qui n'a jamais connu qu'une obéissance servile, n'a qu'un être au monde auquel il n'obéisse pas ; c'est sa femme : il use donc du droit de lui commander ; et comme ce droit n'est dû qu'à la force, peut-il ne pas en abuser? Toutes les nations sauvages ou demi-policées, offrent la même cause, et les mêmes résultats. Toujours l'homme de la nature veut dominer ; chez les peuples éclairés, le desir est le même; mais l'éducation, le respect humain, le préjugé, tout s'oppose à ce que l'homme policé emploie ces moyens violens qui font la honte d'un sexe et le malheur de l'autre.

Page 114. « Il est difficile de citer » six règnes plus féconds en guerres, » en révolutions, en crimes, en désor- » dres, en calamités de toute espèce ».

Ces six règnes de femmes, sont ceux de Sophie, sœur de Pierre Ier, de Catherine Iere, d'Anne, d'Anne la régente, d'Elisabeth, et de Catherine II. J'observerai d'abord que celui de Catherine Iere, qui n'a duré que deux ans, n'a vu aucun de ces événemens désastreux. Celui de la Régente Anne, encore plus court, n'en a pas vu davantage, la disgrâce de Biren ne pouvant être envisagée, ni comme un crime, ni comme une calamité, et le détrônement d'Ivan, étant lié à l'histoire d'Élisabeth. Celle-ci a régné vingt ans; si les quatre derniers ont vu la guerre avec la Prusse, combien d'autres souverains l'ont faite beaucoup plus que cette princesse, dont les états n'ont été le théâtre d'aucune révolution, ni d'aucun désordre. Ainsi, même en accordant pour les trois autres impératrices une partie de ce dont les accuse M. M., il demeurera constant que sur six, il aurait pu en retrancher trois dans son énumération. Mais il fallait entasser des preuves, pour légitimer toutes les invectives qu'il se permet contre les femmes russes, et lorsque le règne de Catherine se trouve un de ceux qu'il cite pour étayer son opinion, combien elle devient faible ! Quelle confiance peut-il inspirer ? Il espère détruire en un jour, trente ans de bonheur et de gloire : quelle pitoyable vanité !

Idem. « Le vieil adage, *quand les femmes règnent, les hommes gouvernent* est faux et insignifiant ». Ni l'un ni l'autre ; car si je le démontre vrai, il ne sera pas insignifiant. Cette épithète convient beaucoup mieux à certaines maximes répandues dans les Mémoires secrets, présentées avec appareil, avec prétention, néanmoins vuides de sens, lorsqu'elles ne sont pas décidément fausses.

De ce que Catherine n'a pas été gouvernée par des hommes jusqu'à un âge avancé, s'ensuit-il que le contraire ne soit pas arrivé très-fréquemment ? Prenons pour exemple les autres souveraines de Russie : Galitzin n'a-t-il pas gouverné sous le règne de Sophie ? Mentchikow et Biren sous ceux de

Catherine et d'Anne? Les favoris d'Elisabeth, même de la grande Catherine, n'ont-il pas eu l'influence la plus marquée, et si elles ont conservé dans leurs mains l'autorité suprême, peut-on nier qu'elle n'aient permis, soit par insouciance, soit par foiblesse, qu'on en abusât sous leur nom? Les Reines ou régentes offrent, dans tous les pays, la confirmation plus ou moins parfaite, de cet adage réputé faux par l'auteur des mémoires. Ce qu'il ajoute est même contre lui. » Quand les femmes règnent, » leurs amans tyrannisent, et chacun » pille ». Or, si les amans sont libres de tyranniser, la souveraine les laisse donc faire ; ils règnent donc plutôt qu'elle. Jamais on n'a prétendu que les actes du gouvernement émanaient d'eux personnellement ; mais, s'ils les font paraître à leur volonté, ne sont-ils pas les maîtres de l'état? *Chacun pille:* cela prouve-t-il autre chose, si-non que la souveraine, seule intéressée à ce qu'on ne pille pas, tolère le pillage? Or, comme les favoris ou les ministres doivent protéger un pillage, dont ils prennent leur part, il s'ensuit qu'il a lieu, par leurs ordres. Les favoris ou les ministres gouvernent donc réellement ; l'adage cité n'est donc ni faux, ni insignifiant.

Page 116. Je ne réfuterai pas les mauvais contes de l'auteur sur des généraux et des colonels qui n'osent faire un pas, sans consulter leurs femmes, même absentes. Kotzbué a démontré que l'anecdote sur M. Mellin, colonel du régiment de Tobolsk, était controuvée, puisque ce régiment n'a jamais eu de colonel de ce nom. Voilà qui suffit pour déterminer le degré de confiance que mérite le compilateur d'anecdotes aussi ridicules.

Page 121 et suiv. Ici je trancherai le mot : je dirai à l'auteur des mémoires, que puisqu'il s'est décidé à souiller sa plume, par le récit des horreurs qu'il raconte, il devait nommer ces monstres femelles, et ne pas s'en tenir à quelques lettres insignifiantes, et à beaucoup de points, pitoyable ressource de nos faiseurs de drames. Des actes d'atrocité pareils, demandent que leurs auteurs soient connus : ces ménagemens sont indignes de l'historien qui vante à toutes les pages, son *courage* et sa *franchise*. Or, comme un écrivain qui a déchiré hardiment des souverains et beaucoup d'individus de toutes les classes, ne peut être soupçonné de discrétion ou d'un scrupule, qui, d'ailleurs serait mal fondé, je déclare à M. M. que je regarderai comme FAUX les traits de cruauté qu'il raconte de deux dames russes, jusqu'à ce qu'il ait fait part au public de leur nom et de leur adresse ; je n'exige rien de trop ; car il offre de donner cette adresse à qui la voudra (page 125) : seulement il ne devait pas attendre qu'on la lui demandât. L'homme qui dit en face à un prince Russe, qu'il n'est pas un homme d'honneur (voyez ci-dessus, pag. 108), n'ose écrire en entier le nom de deux femmes de qualité, qui déshonorent leur sexe et l'humanité ; quelle inconséquence ! —

Page 127. Pour tranquilliser les femmes russes sur le tort que pourrait leur faire dans le monde, le récit des deux faits atroces consignés dans les mémoires secrets, l'auteur veut bien déclarer *que ce ne sont point des traits caractéristiques et généraux*; il ne lui manquait plus que d'ajouter à son incroyable relation, que toutes les Russes en faisaient autant, et que ces deux exemples avaient été choisis entre mille. En vérité, la noblesse de Russie doit un remerciment à M. M. pour son obligeante attention.

Page 167. « La grande modestie de Catherine en ceci paraît bien contraster avec ses mœurs ».

Il s'agit de l'ignorance dans laquelle cette princesse voulut qu'on élevât ses petits-fils, relativement aux mystères de l'amour. D'où provient l'étonnement de l'auteur? Une mère libertine doit-elle sans respect pour l'innocence de leur âge, procurer à ses enfans des connaissances qu'ils ne peuvent acquérir trop tard? C'est là une surprise de commande, dont le but est de parler une fois de plus du débordement des mœurs de l'Impératrice. Plus bas, on adresse le même reproche au Régent, *qui avait laissé Louis XV dans une telle ignorance, que la veille de son mariage il fallut le mettre au fait de son rôle.* Je ferai la même réponse, en observant de plus que le Régent étant mort en 1723, avant que Louis XV eut quatorze ans révolus, il paraît assez natutel qu'à cet âge il fût peu instruit dans cette partie. Ce prince s'étant marié près de deux ans après, ce n'est plus le Duc d'Orléans qu'il faut accuser, ou plutôt féliciter de l'ignorance du monarque.

Page 172-181. Elles sont consacrées à l'éloge des instituteurs, autrement dits, *outschitels*. Rien n'est comparable à cette classe d'hommes, si l'on s'en rapporte à l'auteur. Ils possèdent toutes les qualités ; c'est à eux seuls que la Russie doit le peu qu'elle vaut ; ils l'ont policée homme à homme ; ils en sont l'élite. Les meilleurs sont Français ou Suisses ; les Allemands ne valent rien, moins encore les nationaux. J'accorde ce dernier point ; mais je suis loin de convenir des autres : ce chapitre, d'après l'importance que l'auteur y attache, mérite d'être discuté un peu longuement.

Je vais être forcé de répéter une

partie de ce que j'ai consigné dans mon voyage, et je répondrai en même tems au reproche que m'adresse M. M.

L'éloquence de l'auteur des mémoires, le ton décisif qui règne dans cet ouvrage, ne suffisent pas pour me persuader que les Français, *Outschitels* en Russie, sont la gloire de leur pays, et de celui qui les a adoptés. Un homme doué de grands talens, possédant de vastes connaissances, les met facilement à profit dans sa patrie, n'a pas besoin de se transplanter pour être apprécié ce qu'il vaut. La Russie, depuis cinquante ans, attire des divers points de l'Europe, ceux qui courent après la fortune : les intrigans de tous les genres doivent abonder dans un pays reculé de deux siècles, dont les habitans paraissent, par cela seul, plus faciles à séduire ou à duper. Les Français, si nombreux en Russie, peuvent être, en partie, rangés dans cette classe;

les

les instituteurs n'ont presque jamais d'autre mérite que de savoir le français, et, pour l'ordinaire, très-médiocrement. Je n'ai pas séjourné en Russie aussi long-tems que M. M. (que je serais tenté de soupçonner de défendre sa propre cause, en défendant celle des outschitels); cependant j'ai eu le tems d'y connaître beaucoup de Français attachés à des seigneurs Russes. Je compterais facilement ceux en qui j'ai trouvé de l'instruction et de l'amabilité. D'où provenait cette différence ? De ce que le Russe instruit lui-même, ne s'en était pas rapporté au premier venu, pour prendre chez lui un Français débarqué depuis quatre jours, sans autre recommandation que sa suffisance et son babil. Voilà pourquoi M. du B.., bibliothécaire du Comte Boutourlin à Moscou, était un homme aimable et instruit.

Je puis affirmer avoir vu des Russes

recevoir chez eux, comme instituteurs ou sécrétaires, des Français tombant des nues, n'ayant absolument d'autres protecteurs que des perruquiers et des marchandes de modes : c'était sur de telles cautions, qu'un noble opulent leur confiait ses enfans, ou ses affaires les plus secrettes, avec 4 ou 500 roubles d'appointemens, sa table, un domestique, et quelquefois une voiture. Cette dépense, déjà trop forte, n'empêchait pas que l'éducation du jeune homme ne coûtât deux ou trois mille roubles par an, parce que l'outschitel hors d'état de remplacer un seul maître, se contentait d'inspecter les leçons ou au moins d'en avoir l'air.

Page 176. « Les Russes, presque
» tous élevés par des Français, con-
» tractent dès leur enfance, une pré-
» dilection marquée pour cette na-
» tion. »

Cette prédilection consiste à voyager en France, le plutôt qu'ils peuvent, parce qu'ils s'y promettent plus d'agrément qu'ailleurs. Revenus chez eux, ce goût passager disparait : ils redeviennent Russes dans toute l'étendue du mot, et regardent les autres nations comme fort au-dessous de la leur : « N'ayant point de patrie, en effet, la » France devient celle de leur cœur et « de leur imagination ». Il est impardonnable à un écrivain qui a séjourné long-tems en Russie, de manifester une opinion aussi erronée. Le Russe est, peut-être, de tous les peuples, celui qui tient le plus à son pays, qui méprise le plus cordialement tous les autres ; celui dont les voyages dénaturent le moins les habitudes, qui rentré dans ses foyers, reprend le plutôt et le plus franchement son caractère primitif. Je ne parle que de la classe opulente, de cette classe qui jouit du précieux avantage d'être élevée par les outschitels français. Des observations répétées ne me permettent pas de révoquer en doute ce que j'avance ici.

Page 180. « Il est presque impossi- » ble d'être outschitel sans devenir un » peu raisonnable ». En vérité, je ne vois pas pourquoi. « Un Montmorency » outschitel devient, à-coup-sûr, dé- » mocrate ». Vous plaisantez assurément, M. M.: un Montmorency qui prendrait ce métier, n'aurait pas la peine de devenir démocrate; il le serait déjà, et nous avons vu qu'on pouvait l'être avec ce nom-là, sans l'emploi brillant d'outschitel.

Page 181. J'arrive à l'article qui me concerne; je le transcris pour y répondre ensuite.

« On lit dans un *Voyage de deux* » *Français en Russie*, des réflexions » bien étranges sur ces outschitels ». On verra tout à l'heure lesquelles sont les plus étranges, de mes réflexions, ou de celles de l'auteur des Mémoires

» On s'étonne de ce qu'ils sont presque
» tous démocrates, quoiqu'ils jouissent
» dans l'hôtel d'un grand Seigneur,
» d'une vie douce et aisée, et on les
» raille de ce qu'ils n'y renoncent pas
» pour aller consacrer leur vie à la
» liberté ». Je ne m'étonnais pas de la
démocratie de ces MM.. J'étais seulement très-surpris que les Russes gardassent chez eux des gens qui approuvaient hautement, sous leurs yeux, à leur table, une révolution dont les premiers pas avaient été marqués par la ruine et la proscription de la noblesse française, par des massacres nombreux et impunis, par des horreurs en tout genre. J'étais surpris que les Seigneurs Russes ne tirassent pas de ces indécens propos, une conséquence bien simple; savoir: que ces français dans une circonstance pareille, dans un mouvement insurrectionnel contre les nobles, seraient les premiers à les piller, à les

égorger; car on est toujours disposé à faire ce qu'on loue dans les autres » Vous dites que l'on a raison en France; » que n'y allez-vous donc ? C'est le di- » lemme de ces messieurs : si quelqu'un » louait la coutume qu'à l'Empereur » de la Chine, de labourer un champ, » ils lui diraient également : que n'al- » vous y tenir la charrue ? Voilà com- » me on est conséquent ». Je rends graces à M. M. de sa critique; elle satisfait mon amour propre : je suis tenté de croire que j'ai écrit les plus excellentes choses, puisqu'un écrivain de sa trempe n'a pu me réfuter, et que croyant le faire, il n'a seulement pas abordé la question. Observez, je vous prie, mon cher Aristarque, que ma phrase n'a rien de commun avec l'Empereur de la Chine labourant un champ ; et puisque vous faites parade de votre érudition, il fallait dire qu'il labourait ce champ une fois dans sa vie, le jour qu'il montait sur le trône, et ne pas avoir l'air de regarder ce travail comme journalier. Lorsque j'engageais les outschitels à se rendre en France, je ne leur disais pas: *Allez à Paris faire telle chose, parce qu'un individu l'a fait*; c'eût été une absurdité. Je leur disais: *Allez en France, parce que d'après vous, tous les hommes y sont libres et égaux: vous pourrez y parvenir à toutes les places; vous serez peut-être généraux, peut-être législateurs: que faites-vous ici?* Comment, persuadés du bonheur qu'on goûte en France, persistez-vous à habiter un pays barbare, où vous êtes journellement exposés à des duretés, à des impertinences, à des coups de bâton, à la Sibérie: le tout, sans espoir de satisfaction d'aucune espèce ? Vous avouerez que mes conseils étaient motivés, et que, pour se refuser à les suivre, il fallait que ces MM. ne fussent pas intimement convaincus de la félicité des Français dans leur patrie; et dans ce cas, pourquoi la vantaient-ils à outrance ? « Un homme éclairé » et honnête ne pourra-t-il donc recon- » naître la vérité d'un principe, lors- » qu'il ne peut en pratiquer toutes les » conséquences»? Les outschitels étaient libres de se rendre en France; mais ils préféraient la table et les roubles des bons Russes, qui leur paraissaient plus solides que les espérances qu'offrait la révolution, laquelle au reste, n'était pas un *principe*. Je me suis expliqué; c'était la révolution elle-même et ses funestes effets, qu'exaltaient ces juges honnêtes et désintéressés «Serait-il plus » honorable de renier ses lumières, et » de faire l'aristocrate, parce que l'on « est placé entre des tyrans et des es- » claves » ? Non; mais il serait plus décent et plus raisonnable de n'embrasser aucun parti ouvertement : par-là, on ne trahirait pas sa pensée, et l'on n'insulterait pas ceux dont on mange le pain. « Un Français qui se trouve à » Pétersbourg, ne pourra donc se réjouir » des victoires de ses compatriotes, » parce qu'il n'a pu y contribuer que » par ses vœux secrets » ? Ceci sort de ma thèse. La France n'était pas en guerre, lorsque j'ai vu les Russes, lorsque j'ai écrit le passage qui émeut la bile de M. M. : je ne parle que des trois premières années de la révolution. « Il » ne pourra se réjouir de voir la liberté, » l'ordre et le bonheur se rétablir dans » son pays, s'il ne peut y retourner »? S'il est assuré de ce bonheur, il doit aller en jouir; rien ne peut le retenir dans un empire, où il est exposé aux *désagrémens* que je viens d'énumérer. Je lui pardonnerais de contempler sa patrie heureuse, de Londres ou de Philadelphie, jamais de Pétersbourg. « C'est » là le langage des petites ames, qui

» n'osent confesser une vérité, lors-
» qu'ils sont dans un lieu où il est dan-
» géreux de ne pas la renier ». Encore
une fois ce n'était pas la vérité que
confessaient les instituteurs Français:
loin de s'en tenir aux principes, ils
approuvaient les excès impardonnables
de la révolution ; et l'indulgence (qu'on
pourrait nommer autrement) des seigneurs Russes, les assurait qu'ils ne
courraient aucun danger pour leurs opinions. « L'outschitel Français qui a la
» noble imprudence de défendre les
» droits de l'homme en Russie, et de
» condamner les tyrans, ne fût-ce que
» par un courageux silence, est sans
» doute digne de la liberté ». Par un
courageux silence, à la bonne heure ;
c'est à quoi il devait se borner. L'imprudence de défendre les droits de
l'homme en Russie, peut être noble
en elle-même: chez un Prince Russe,
elle ne l'est plus : l'égalité absolue ne sau-

rait exister entre le seigneur qui paye, qui nourrit, et l'outschitel qui reçoit et qui mange. Celui-ci est tenu à des attentions, à des égards : louer devant le noble, un système dont ses pareils sont victimes, c'est appeller sur sa tête les mêmes calamités, et lui déclarer d'avance qu'on les trouvera justes ; c'est, en un mot, l'insulter gravement. L'homme probe, s'il ne peut résister *au cri de sa conscience*, se retire, et libre du joug qu'il s'était imposé, donne carriere à sa franchise, sans s'exposer au blâme des honnêtes gens.

Page 211 *et suiv.* Longue relation des torts de Paul envers *MM. de Masson* l'un Colonel, l'autre Major, mariés, l'un à une nièce du célèbre général Melissino, l'autre à une Livonienne d'une famille distinguée : chassés de Russie, ils ignorent de quel crime ils se sont rendus coupables ; je ne le leur apprendrai pas : j'observerai seulement pour la seconde fois, que l'auteur des Mémoires (un de ces MM.) ayant autant à se plaindre de Paul, doit être fort suspecté de partialité dans tout ce qui concerne ce Prince.

Page 225. Après plusieurs pages d'anecdotes sur Paul Ier., sur ses extravagances, sur les humiliations, les outrages dont il abreuvait tous ceux qui s'offraient à lui, l'auteur s'écrie: « Voilà » une partie des avanies auxquelles » sont exposés les étrangers, et sur-tout » les Français en Russie ». Je plains les étrangers qui n'avaient pas une patrie libre, heureuse, dont il dépendait d'eux de partager la félicité: quant aux Français, dès qu'ils étaient restés, ils n'avaient que ce qu'ils méritaient. Le serment, dira-t-on, leur fermait l'entrée de leur pays; eh bien, ils devaient y retourner avant ce serment: ils avaient eu trois ans pour se décider.

Page 236. » On assurait à la cour » de

» de Russie que c'était les jacobins qui » avaient assassiné Gustave, et empoi- » sonné Léopold ».

Je le pense ainsi pour Léopold : quant à Gustave, il m'est presque démontré que les jacobins se sont contentés de bénir le jour de sa mort, sans y avoir contribué autrement que par leurs vœux.

Me voici parvenu à la fin du second volume : le troisième, qui a paru long-tems après, n'est pas tout-à-fait dans le même genre : l'auteur s'y montre un peu moins sévère, un peu moins acharné contre les Russes. Le titre promettait un récit de la fin tragique de Paul ; il n'en est pas question ; ce sera sans doute pour le quatrième volume. Je ne puis nier que la relation de la guerre de Perse, et sur-tout, la campagne de Souvorow contre les Français, ne soyent très-intéressantes : elles seront lues avec grand plaisir. Je n'en continuerai pas moins mes observations sur les passages de ce volume qui me paraîtront les mériter.

TOME TROISIÈME.

Page 1 de la préface. » Cet événe-
» ment (la mort de Paul 1ᵉʳ.), ceux qui
» l'ont précédé, accompagné et suivi,
» ont bien justifié l'auteur de ces Mé-
» moires : ils ont mis le sceau à la vé-
» racité de ses récits, à la justesse de
» ses observations, et même de ses rai-
» sonnemens ; puisqu'une partie de ce
» qu'il prévoyait est arrivé ».

C'est voir les choses par leur beau côté, que de tirer ces conséquences de la mort de Paul : il s'ensuivrait donc que les récits de M. M. seraient vrais, ses observations et ses raisonnemens justes, parce que quelques scélérats ont assassiné leur souverain. Il n'a rien oublié, je le sais, pour exciter le peuple

Russe à la rébellion, et de la rébellion au meurtre, il n'y a qu'un pas: cependant il convient que ce ne sont point ceux qui avaient à se plaindre de l'Empereur qui ont porté sur lui leurs mains criminelles. « Tous ceux (page 4) qui » sont souillés du sang de Paul, étaient » décorés de ses faveurs, et comblés de » ses bienfaits ». L'auteur doit avoir goûté un plaisir indicible, en reconnaissant que ces sarcasmes, ces injures tant répétées qu'il voudrait (dit-il pag. 2) pouvoir effacer, n'ont influé en rien sur la destinée du malheureux Tzar, n'ont pas armé les bras qui l'ont immolé.

M. M. semble se vanter d'avoir prédit une partie de ce qui est arrivé, c'est-à-dire, la mort violente de l'empereur: il l'a bien plutôt conseillée que prévue. Quant à moi, qui n'ai pas la prétention de passer pour prophète, voici ce que j'ai écrit du vivant même

de Catherine, avant que son fils eût offert au monde le spectacle de ses extravagances. *Voyage au nord de l'Europe, Tome 4, page 208.* « Nous avons
» lieu de craindre que ce prince n'imite
» son père dans ce qui l'a privé de l'a-
» mour des Russes..... Son goût pour la
» nation allemande perce déjà...... Nous
» avons vu des gens qui croyent ferme-
» ment qu'il n'occupera pas long-tems
» le trône de ses pères, et que son épouse
» ou son fils le remplaceront bientôt.....
» Ce serait une imprudence impardon-
» nable au grand Duc, que de se re-
» poser uniquement sur la légitimité
» de ses droits : il connaît l'histoire de
» son pays et de son siècle ; nous n'en
» dirons pas davantage ». Considérées comme prédictions, mes deux phrases en disent plus que les deux volumes des Mémoires secrets.

Page 8. » On veut faire envisager
» cet attentat comme un crime néces-

» saire et forcé, même comme un bien-
« fait de la providence, qui a sauvé
» la Russie d'une ruine totale, et d'un
» retour inévitable vers l'ignorance et
» la barbarie ».

Et vous avez l'air, M. M., de désapprouver cette opinion presque générale, quand vos propos et vos écrits n'ont cessé de la faire naître, de l'entretenir : vingt passages de vos Mémoires établissent en fait ce dont vous paraissez incertain. Quelle vacillation étrange ! Ne soyez pas l'apologiste du meurtre de Paul, j'y consens ; mais convenez que son Empire doit bénir le jour qu'il a cessé d'être ; ou brulez tout ce que vous avez écrit sur lui.

Page 9. « On peut en effet regarder
» sous un rapport cette mort prématurée comme un bonheur pour la
» Russie, et peut-être pour l'humanité
» entiere ; elle a placé malgré lui,
« avant le tems, sur le trône, un jeune

» prince qui promet de réparer les
» maux qu'a faits son prédécesseur ».

Je n'en attendais pas moins de l'auteur; j'aurais seulement désiré que cet aveu ne portât pas sur le bonheur des Russes, d'être gouvernés par Alexandre : il devait ne considérer que les maux causés par son père, et se borner à dire que l'empire avait tout gagné par la mort de Paul : sinon les invectives multipliées contre ce malheureux Prince, se changent en un compliment pour son fils, qui, à la vérité, le mérite déjà et le méritera davantage : ce qui ne m'empêche pas de le trouver déplacé sous la plume de M. M., et surtout où il est.

Page 10. « Dites-nous maintenant,
» adorateurs de l'inviolabilité des des-
» potes, si ces complots lâchement tra-
» més ; si ces exécutions sourdes et
» odieuses du palais des Tzars ne sont
» pas plus atroces, et mille fois plus

» scandaleuses que les vengeances écla-
» tantes du peuple ».

Cette note est de nature à mériter un examen approfondi; elle traite d'une question de la plus grande importance: ne partageant pas l'opinion de l'auteur, je vais essayer de la réfuter.

J'avoue que je suis, non pas *adorateur* (ce qui suppose un sentiment trop exalté pour convenir à quoi que ce soit dans ce monde); mais partisan décidé de l'inviolabilité des souverains que M. M. appelle despotes, selon l'usage du moment. J'avais lieu d'espérer qu'un homme doué d'autant d'instruction et de connaissances, ne confondrait pas deux noms si différens par le fait; puisque s'il est constant qu'un despote est toujours souverain, il ne l'est pas moins qu'un souverain n'est pas toujours despote. Il ne manquait plus que de faire ce mot synonime de tyran, bévue qu'on peut reprocher depuis dix ans, à tant d'écrivains, jouissant même d'une sorte de célébrité.

Si le souverain n'est pas inviolable, ce respect, ces hommages dont il doit être environné, cesseront bientôt : l'homme qu'on pourra traduire devant un tribunal pris dans ses propres sujets, ne sera pas long-temps regardé comme au dessus des autres : l'éclat de la royauté ne vient que du pouvoir suprême ; il n'existe plus, si l'on n'admet pas l'inviolabilité. Un peuple sage investira ses rois de toutes les prérogatives attachées à ce titre, ou changera la forme de son gouvernement.

Rien de plus atroce, de plus scandaleux, que les vengeances du peuple, celles au moins qui sont généralement connues : pour l'ordinaire, elles rejaillissent assez injustement sur la nation entière, et ne lui font pas honneur ; au lieu que le meurtre des deux Empereurs Russes n'a voué à l'opprobre que quelques individus. La Russie est demeurée pure de ces attentats : le scandale est donc tout entier de l'autre côté du tableau.

» Un jugement, fût-il injuste, est
» pourtant un hommage à la justice :
» un assassinat est toujours le dernier
» forfait ».

Quoi ! un jugement injuste serait un hommage à la justice ! L'avez-vous écrit de conviction, M. M. ? L'assassinat est un forfait exécrable ; mais il n'est que celui de quelques scélérats, souvent d'un seul. Un jugement injuste, un assassinat juridique, sont nécessairement le crime de plusieurs. Celui qui tue de sa main, court des risques ; son complot peut être découvert ; il peut manquer son coup : dans ces deux cas, sa perte est assurée : même en réussissant, ne doit-il pas avoir fait le sacrifice de sa vie ? L'assassin a donc besoin d'une sorte de courage. Le Juge inique, au contraire, est à couvert de tout danger : sûr de l'impunité, il frappe sans pitié une victime sans défense. Ce qu'il plaît à l'auteur des Mémoires d'appeler un hommage à la justice, je le regarde comme l'outrage le plus sanglant. Oui, l'assassin est moins coupable, moins vil, moins exécrable que le juge qui condamne sciemment un innocent. » La mort de Charles » premier et celle du déplorable Louis » seize, m'inspirent de la douleur et de » la pitié; mais c'est un grand, un su- » blime exemple pour les rois ». La douleur et la pitié sont des sentimens qu'il est fâcheux d'inspirer; cependant on ne les éprouve pas pour des coupables justement et légalement punis; c'est que les deux Monarques ont été immolés et non jugés. Cet exemple prétendu grand et sublime sera en pure perte pour les rois, ne leur servira jamais de leçon : la raison en est palpable ; ils redouteront peu une catastrophe qu'il est permis de regarder comme hors de la nature, une catastrophe trop extraordinaire pour se renouveller de plusieurs siècles. » La mort » de Pierre trois, et celle de Paul I.er » n'inspirent que l'horreur et l'indigna- » tion ». Cela est vrai. « Elles sont inu- » tiles au monde ». Si par inutiles au monde, l'auteur entend que les rois ne profiteront pas de ces leçons cruelles, il se trompe: les souverains seront beaucoup plus intimidés de complots ourdis dans l'ombre, de conspirations fomentées au milieu de leurs cours, d'assassinats dont les précautions les plus multipliées ne les garantiront peut-être pas, que d'un jugement public, solemnel, qui ne saurait être amené que par un concours de circonstances; d'un jugement que doit nécessairement précéder une longue lutte entre l'autorité légitime et les usurpateurs. Que de chances le souverain n'a-t-il pas pour lui? Combien peu il doit redouter le sort de Charles et de Louis! « Un » tyran croit toujours échapper aux » assassins, par les précautions qu'il » prend, et qui le rendent plus odieux: » mais il ne pourrait échapper à un » jugement public, que par le génie, les » talens ou la vertu ». J'ai répondu d'avance à cette phrase ; le *tyran* (puisque c'est le mot technique) échappera plus aisément à un jugement qu'à des assassins; ou plutôt, il est *sûr* d'éviter une condamnation prétendue juridique. Si Louis seize eût été un tyran, il régnerait encore: les meurtriers de Paul ont trouvé plus facile de l'égorger que de le livrer à un tribunal. Henri quatre et Gustave trois qui n'étaient pas des tyrans, n'auraient, à coup-sûr, pas été jugés : on les a assassinés. M. M. voudra bien observer que la seconde partie de sa phrase se

rapportant

rapportant à *tyran*, il se trouve « qu'*il* » ne pourra échapper à un jugement » que par le génie, les talens ou la vertu ». Or, s'il possède ces qualités, ce ne sera plus un tyran. L'auteur regarde donc ce mot comme synonime de souverain, ou il a écrit une *balourdise* : pardon de l'expression ; mais l'alternative me paraît fâcheuse pour son amour propre.

Page 38. Après avoir reproché au voyage en Russie de M. Chantreau, une foule d'erreurs, l'auteur ajoute : « le voyage de deux français est bien » supérieur, tant par le fond que par » la forme ; mais il n'est pas exempt » de ces inexactitudes qui frappent d'a- » bord ceux qui habitent un pays, » dans les relations de ceux qui ne l'ont » vu qu'en passant ».

Le lecteur s'est déjà convaincu par l'examen du voyage de M. Chantreau, que peu d'ouvrages sont aussi pitoyables, tant pour le style, que pour le fond : d'après quoi il sentira combien je dois être flatté de me voir placé au-dessus de ce voyageur. Malgré les peines que je me suis données pour connaître la vérité, je conviens qu'il est très-possible qu'il me soit échappé quelques inexactitudes ; l'auteur des mémoires m'aurait rendu service, s'il avait daigné me faire part de ses observations : j'aurais combattu celles qui m'auraient paru hasardées, et profité des autres dans une nouvelle édition.

Page 88. « Les Français s'étonne-
» ront qu'après une circulation de vingt
» ans, des abus et des falsifications de
» toute espèce, des hausses et des baisses
» continuelles, le papier se soutienne
» encore en Russie, et qu'en ce mo-
» ment, il ne perde que 40 à 50 pour
» cent ».

En effet, n'y a-t-il pas de quoi s'étonner ? Nos assignats en moins de cinq

ans, ont été réduits à *zéro*, et le papier russe en vingt ans n'est arrivé qu'au point où le nôtre était parvenu en moins de trois : ce qu'ajoute l'auteur rend la chose encore plus incompréhensible. « Le papier russe n'a pourtant
» jamais eu pour base et pour garantie
» des milliards de domaines nationaux,
» et l'honneur et la bonne foi d'un peu-
» ple libre, mais la parole et la volonté
» d'un despote ». Voilà de quoi confondre tous les raisonnemens. Cependant, comme dans une affaire de cette nature, il ne peut y avoir d'opinion, nous nous en tiendrons aux faits. En matière de finance, les paroles ne sont rien ; les actions parlent seules : si l'on demande à un riche banquier, à un négociant renommé : *avez-vous confiance dans le gouvernement ?* et qu'il réponde, *oui*, engagez-le à lui prêter de l'argent : s'il élude, ou refuse, soyez assuré qu'il vous a menti. Or, il faut

trancher le mot, et tirer une conclusion assez peu flatteuse pour nous. Puisque la confiance a toujours été plus entière dans le papier de Russie que dans celui de France, il s'ensuit que la parole et la volonté d'un despote, ont paru une garantie plus solide que tout ce que nous avons donné ; la chose est incroyable, j'en conviens ; mais il est impossible de la nier.

Page 160. « C'est Catherine qui » força les Français établis en Russie » à prêter un serment horrible, celui » de haine à leur patrie ».

L'auteur a la mémoire courte ; voici ma réponse : elle prouvera que ce serment *horrible* avait trouvé grace devant lui.

Extrait de la page 227 du tome second : « les Français de Pétersbourg » s'attendaient à une proscription géné- » rale ; je le dirai aujourd'hui comme » je le pensais alors : Catherine se mon-

» tra encore en ce moment grande et
» modérée : par ce serment qu'elle exi-
» gea, elle mit les Français sous la
» sauve-garde du gouvernement, et les
» sauva de la fureur des nobles et du
» peuple aveugle. Aucune des puissances
» coalisées, réputées cependant moins
» barbares, ne prit une mesure si hu-
» maine ».

Je m'abstiens de toute réflexion ; le lecteur pèsera les deux passages, et admirera, ainsi que moi, combien l'auteur est ferme dans ses principes, inébranlable dans ses opinions.

Page 206. Longue note relative à l'assassinat de nos ministres à Rastadt : l'auteur s'étonne, avec raison, du voile qui enveloppe encore cet événement, et qui, selon toute apparence, ne sera levé de long-tems. Ce forfait exécrable, inoui dans les fastes des nations, est demeuré impuni. Je partage l'indignation de M. M. ; mais il ne m'est pas démontré aussi clairement qu'à lui, que le directoire soit étranger à ce massacre, ni que ce soupçon n'ait pu naître que *dans des ames capables de la plus lâche scélératesse*. Au moins, conviendra-t-on, qu'il est aussi naturel d'en accuser le gouvernement Français que le cabinet de Vienne, à qui ce crime horrible, était complettement inutile. Si l'on a lu, avec quelque attention, les diverses relations de cet événement, celle sur-tout de Jean Debry, on sera convaincu de la justesse de mon observation. En effet, quel motif pouvait porter l'Autriche à ce forfait sans exemple? Les instructions de nos plénipotentiaires, devaient-elles influer sur la décision de l'Empereur? N'était-il pas libre d'accepter ou de refuser les propositions de la France? S'il désirait la paix, quel étrange moyen il employait pour la cimenter! S'il voulait la guerre, n'était-ce pas une gaucherie impar donnable que de se souiller d'un aussi lâche attentat, pour accroître l'animosité, l'énergie de ses ennemis ; pour rendre les Français plus redoutables, et leur cause plus juste ? Le simple bon sens suffit pour démontrer à l'homme le plus incrédule, que l'Empereur n'est pas coupable du meurtre de nos ministres. Voyons si le gouvernement français peut raisonnablement en être soupçonné.

Le directoire a été généralement accusé de vouloir éterniser la guerre ; on a cru qu'il fondait la stabilité de sa puissance sur la durée de cet état violent, qui, admettant toutes les mesures, légitimait toutes les violations. Sans prétendre décider une question si délicate, je dirai, que sa conduite, tant au dedans qu'au dehors, a pu donner quelque crédit à ces odieux soupçons. Nos plénipotentiaires, s'ils voulaient franchement la paix, forcés par des ordres absolus, de ne pas la conclure, devaient un jour dévoiler à leur patrie, à l'Europe, quels obstacles s'y étaient opposés. Acheter leur silence était un moyen douteux ; s'en défaire a paru plus sûr. Mais alors, pourquoi les trois ministres n'ont-ils pas succombé ? La question est si naturelle, que l'homme le plus simple ne saurait s'empêcher de la proposer. Quelque répugnance que je sente à rejetter le rapport *semi-officiel* de Jean Debry, il m'est impossible de l'adopter. Il faudrait, comme lui, attribuer son salut à un miracle, et le tems des miracles est passé. Si nous rapportons à une cause naturelle cette conservation miraculeuse, nous devrons voir dans ce troisième plénipotentiaire l'homme du gouvernement ; celui qui seul, voulait la guerre, et, pour trancher le mot, le complice du directoire. Jean Debry n'a pu ignorer qu'il était en butte à des soupçons affreux ; il les a méprisés, sans doute, puisqu'il a dédaigné de se justifier ; au-dessus de pareilles calomnies, c'est à sa rénommée qu'il a laissé le soin de les repousser. Son rapport n'est rien moins qu'adroit, parce qu'il démontre que le complot existait avant le départ des ministres: or, le complot existant, tous les trois devaient en être les victimes. Ce rapport détruit l'opinion que cet attentat n'a été qu'une affaire d'avant-poste, un pillage occasionné par l'indiscipline. Jean Debry, blessé griévement, de plusieurs coups de sabre, perdant beaucoup de sang, ayant erré toute la nuit, pour rentrer à Rastadt à six heures du matin; et ce même Jean Debry *refusant d'être pansé*, et se trouvant en état de partir le même jour pour Strasbourg, impliquent contradiction.

Cependant, comme mon principe est de n'accuser que d'après des preuves, et que personne n'en aura jamais sur cette affreuse catastrophe, les deux gouvernemens sont innocens à mes yeux: l'Autriche, parce qu'il est impossible qu'elle soit coupable ; la France, parce qu'il répugne à un Français de la croire telle, même sur de fortes présomptions. (*)

(*) On n'a pas manqué d'accuser l'Angleterre de ce forfait, à une époque où tous les crimes politiques étaient censés venir d'elle. Je la crois aussi innocente que l'Autriche, et par les mêmes raisons. Un ouvrage très-peu connu en France, intitulé *crimes des cabinets*, donne de grands détails sur cet attentat. Il dit formellement qu'on doit l'attribuer au prince Charles et au *brigand* Barbaczy, colonel des hussards de Szeckler, l'exécuteur des assassinats de l'Archiduc. Cet ouvrage, prétendu traduit de l'Anglais de Goldsmith, ne fait honneur ni à l'auteur, ni au traducteur: quoique annoncé dans quelques journaux en vendémiaire an 10, il n'a jamais été publié; le gouvernement a senti, qu'au moment d'une pacification générale, il eût été révoltant et peut-être dangereux, de tolérer la circulation de ce ramas d'invectives grossières, d'accusation absurdes, contre des souverains avec lesquels il traitait de la paix. La rareté de cette brochure, sera toujours son unique mérite.

Il ne reste donc plus d'autre version à adopter, que celle de l'indiscipline, de l'amour du pillage chez les hussards autrichiens ; il faut bien s'en contenter, malgré le rapport de Jean Debry, l'invraisemblance d'un tel guet-à-pens, à la porte d'une ville, et sur-tout le silence du cabinet Impérial, qui n'a point ordonné la punition des coupables, et celui de la France qui ne l'a pas exigée.

Dans tous les cas, l'inscription placardée avec tant de profusion dans les bureaux de la République, était déplacée ; parce qu'en accusant l'Autriche d'un forfait *impossible*, le directoire appellait sur lui-même un examen dangereux, dont le résultat le moins fâcheux était la certitude qu'il employait un moyen atroce, pour ajouter à la haine des deux nations, et perpétuer une guerre dont la France entière désirait la fin. M. M. prétend que le général Zach, prisonnier à Paris, fut étonné de voir cette inscription chez les ministres; il eut grandement raison; et qu'aurait-il dit, s'il l'eût vue dans les bureaux de plusieurs départemens, plus de six mois après la paix conclue avec l'Empereur? Il aurait levé les épaules sur notre inconséquence, souri de pitié sur une nation qui, en faisant sa paix, laissait subsister des milliers d'inscriptions portant *guerre éternelle*, et l'accusation formelle d'un forfait dont le traité consacrait l'injustice et la fausseté. Car, si l'Autriche, reconnue coupable du meurtre de nos ministres, ne s'était pas soumise à une réparation éclatante, proportionnée à l'offense, la République Française serait déshonorée à jamais; et l'on a vu qu'il n'en a seulement pas été question.

Je termine cette longue dissertation, en observant que le directoire a dans la personne de M. M., un défenseur
peu

peu adroit; pour détruire l'inculpation de l'assassinat, il dit que « si le direc- » toire avait pu acheter des régimens » autrichiens, il eût employé cette » mesure pour les battre quelquefois ». La réflexion n'est rien moins que profonde; on achète cinquante hussards, pour attaquer quatre voitures, et massacrer deux ou trois individus; on n'achete pas trente régimens : cela serait moins facile et plus cher.

Page 279. « Korsakow, en présence » de Massena, s'exprima avec une telle » présomption, en faveur de son ar- » mée, une telle indifférence envers les » Autrichiens, et un tel mépris pour » les Français, que le prince Charles, » imaginant cependant qu'il y avait » quelques difficultés et quelque gloire » à vaincre ces derniers, fut choqué » de ce ton léger et suffisant ».

Je lui passe d'avoir été choqué du ton présomptueux d'un général qui n'avait rien fait encore pour le justifier. » Il se hâta de laisser le champ libre » aux Russes, et marcha avec *l'élite* » de l'armée autrichienne, au secours » de Philisbourg, menacé par les Fran- » çais ». Ici je trouve le prince Charles inexcusable : s'il a voulu punir Korsakow de sa légéreté, de sa suffisance, en le faisant battre par les Français, a-t-il pu oublier que c'était l'Empereur de Russie qu'il punissait, l'allié de son frère qu'il trahissait ? A-t-il pu céder à un misérable ressentiment produit par l'amour propre ? S'il a agi d'après les motifs que lui prête l'auteur des mémoires, sa gloire est obscurcie par ce trait. Je dis plus, un général qui n'aurait pas eu carte blanche aurait été puni. Malheureusement pour le prince, la phrase de M. M. ne laisse aucun doute ; il ne s'est décidé à secourir Philisbourg avec l'élite de l'armée autrichienne, que *choqué du ton de Korsakow*:

et combien cette opinion prend de force, lorsqu'on sait que Philisbourg ne devait pas être attaqué à cette époque ; quelques bataillons qui en firent la menace, étaient hors d'état d'entreprendre un siège pareil, et encore moins d'inspirer au général Autrichien des craintes assez fondées, pour le décider à abandonner son allié en présence d'un ennemi formidable. Il faut donc s'en tenir au récit de M. M.; et j'en suis fâché pour un prince qui s'est montré grand dans d'autres occasions.

Page 316. L'auteur y parle de la retraite de Souvorow, et lui rend la justice qu'il mérite comme guerrier : » je ne sais si Souvorow fut invinci- » ble, mais il est certain qu'il est mort » invaincu ». Après quarante ans de guerre, c'est un éloge que peu de généraux obtiendront. M. M., dans sa relation de la campagne d'Helvétie, peint les soldats russes comme autant de héros ; on a vu ce que j'en ai dit plus haut ; le lecteur aura peine à croire que l'écrivain qui fait ici un portrait si flatteur de ces braves, est le même qui, dans un autre volume, les déclare *braves à force de lâcheté.*

Page 324. » Souvorow accusait tout
» haut les Autrichiens d'envie et de
» trahison ; déclarant ne plus vouloir
» combattre avec eux, même avant d'en
» avoir reçu l'ordre de son maître ».

Si ces motifs n'ont pas été ceux de la retraite du prince Charles, avant la bataille de Zurich, on conviendra du moins que le général russe est excusable de s'y être trompé. Paul Ier et Souvorow, malgré leurs ridicules et leurs extravagances, ont offert à tous les membres de la coalition des modèles de franchise et de loyauté. Le général dont jamais la victoire n'avait abandonné les drapeaux, ne connaissait que la volonté de son maître : l'Empereur de Russie, était certainement parmi les souverains coalisés contre la France, le seul qui combattît de bonne foi, sans intérêt personnel, sans le dessein de profiter de nos dépouilles, ou de celles des princes que leur faiblesse avait forcés de succomber : considéré sous ce point de vue, il a des droits réels à l'estime des nations. La France doit bénir la défection de l'armée autrichienne; il est indubitable que la victoire de Massena, sous les murs de Zurich a sauvé la république : l'armée d'Helvétie était sa dernière espérance. Si l'élite des Autrichiens eut pris part à cette bataille, il est permis de croire, d'après la longue résistance des Russes, que ce surcroît de forces aurait décidé la victoire en faveur des coalisés, et qui peut calculer quelles en auraient été les suites?

Page 326. Voici le début d'une harangue que l'auteur des mémoires voulait qu'on fît à quelques prisonniers

Russes, qu'on aurait laissé échapper sans *affectation*.

» Braves Russes...... nous étions n'a-
» guères esclaves et serfs comme vous,
» obligés de travailler pour des maîtres
» qui nous traitaient comme des ani-
» maux, qui nous ravissaient, comme
» vous font les vôtres, nos femmes et
» nos enfans, qui nous vendaient nous
» mêmes, ou nous laissaient périr de
» misère quand nous étions vieux ».

On croit rêver en lisant cette tirade, et l'on ne sait s'il faut l'attribuer au délire, ou à l'impudence. Quoi ! M. M., vous avez écrit de sang froid d'aussi plattes calomnies ! Votre plume ne s'est pas refusée à tracer des faussetés aussi grossières ! Le Français de 1789 était, selon vous, esclave, serf, en un mot, semblable au Russe : un tel excès d'aveuglement ne peut exister chez l'homme même le plus borné, le plus stupide ; or, pouvez-vous en être soupçonné ? Vous avez écrit contre la vérité, et, ce qui est pis, contre votre pensée. Vous n'êtes pas même excusable sur l'intention ; il est clair que vous avez eu celle de tromper les Russes, en leur traçant dans nos maux prétendus, le tableau de leur propres calamités. Ce motif est loin de vous absoudre : au contraire, vous rendez la nation Française complice d'une lâcheté, en cherchant à séduire des ennemis qu'elle désespère de vaincre. Nos armées ont acquis assez de gloire, pour mépriser de tels stratagêmes. Vous ne deviez pas rappeller ces honteuses époques, où un gouvernement encore plus vil que tyrannique, offrait aux déserteurs ennemis, cent francs de rente, le titre de citoyen français, et la liberté. Il est vrai que les trois choses promises ont été appréciées à leur valeur : les cent francs n'auraient pas été payés ; le titre de citoyen était un mot vuide de sens, et la liberté était celle de 1793 : aussi personne n'a-t-il été séduit.

« *Page 374.* » Mercier, si ridiculisé à » Paris, regardé partout ailleurs, » comme le plus moral des écrivains » français ». Je ne conviendrai jamais que Mercier, couvert de ridicules, plastron de tous les journalistes, dont chaque jour voit éclore de nouvelles extravagances, puisse être regardé nulle part comme l'homme moral par excellence. Ce membre de l'institut est un *fou*, peu dangereux, parce qu'au fond, il est bon homme ; se persuadant qu'il n'est qu'original, il dort tranquillement, avec cette idée qui le satisfait. » On » lui reproche ses drames ; mais, s'ils » ne sont pas des chefs-d'œuvres, il faut » avouer que la brouette du vinaigrier » a fait plus de bien qu'Athalie » Ce n'est apparemment pas plus de bien au goût et à la littérature : au reste,

Mercier sera peu flatté de cet éloge, comme il a démontré depuis long-tems que Racine était un sot (ainsi que Newton et autres) il s'ensuit qu'Athalie n'a pas le sens commun : or, la brouette veut dire quelque chose. » Quant à l'an 2440, c'est une œuvre » de génie, et vraiment prophétique; » personne n'a eu comme Mercier le » bonheur de voir ses rêveries se réa- » liser ». Ce bonheur qui est en effet la seule chose dont cet écrivain puisse se féliciter, est précisément celui d'une devineresse qui, à force d'interroger les cartes ou le marc de café, voit quelqu'une de ses prédictions vérifiée. Je ne trouve pas l'ombre du génie à tracer sur le papier un long rêve qui embrasse tant d'objets, que le hasard doit nécessairement le réaliser en partie. C'est (pour me servir d'une comparaison familière à Mercier) comme la loterie, où beaucoup de gens perdent leur argent, mais où quelqu'un devine toujours les bons numéros; pourquoi? Parce qu'entre tous ceux qui jouent, les quatre-vingt-dix sont pris. Cette *œuvre de génie* renferme plusieurs absurdités. L'an 2440 a dû sa réputation, lorsqu'il a paru, à la hardiesse de quelques chapitres qui frondaient les usages, les préjugés, l'autorité: oublié pendant quinze ans, la révolution est venue lui redonner une nouvelle vie: l'auteur l'a réimprimé, triplé, s'est proclamé sorcier : on l'a cru, on a acheté son livre, et c'est là tout ce qu'il voulait. Il faut donc réduire à sa valeur ce don de prophétie, dont il me semble que l'auteur des Mémoires secrets a été dupe, ainsi que tant de bonnes gens.

Tout, dans ce monde, ainsi que je l'ai dit plus haut, tend à un changement plus ou moins prompt, selon les circonstances, et la nature des événemens. Mercier en écrivant l'an 2440, n'a nullement songé à prédire l'avenir; voulant faire participer le public à ses idées lumineuses sur le gouvernement, l'administration, le commerce, en un mot, sur une foule d'objets importans, le cadre qu'il a adopté lui a paru plus piquant que de froides dissertations: il a transporté ses lecteurs à 700 ans, et leur a montré les choses à cette époque, comme il s'est persuadé qu'elles devaient être; bien assuré pourtant que son rêve ne se réaliserait pas en entier. La révolution française pouvait être ajournée à deux ou trois cents ans; alors, l'ouvrage de Mercier, enseveli dans la poussiere, eut été regardé par nos neveux, comme le sont par nous les Centuries de Nostradamus, oracles des servantes et des laquais. Le hasard a favorisé Mercier, en le faisant reconnaître pour sorcier, de son vivant.

Qu'un homme aujourd'hui, ne sachant que faire, écrive une brochure, y prédise que la France, la Hollande, l'Amérique anglaise, seront des monarchies : que l'Espagne, la Prusse, le Danemarck, même la Russie, seront des républiques, on se moquera de lui. Il faut cependant que tout cela arrive un jour ; si ce n'est pas dans deux siècles, ce sera dans quatre, ce sera dans huit : relativement à nous, à notre frêle et rapide existence, huit siècles sont un intervalle immense, puisqu'ils engloutissent vingt générations : relativement à l'histoire, à la marche éternelle du tems, ils sont précisément un point. Or, supposons qu'un de ces événemens arrivât du vivant de l'auteur, ne serait-il pas risible qu'il prétendît l'avoir prédit, qu'il en tirât vanité ? Celui qui voudra passer pour prophète sans beaucoup de peine, n'aura qu'à prédire la paix en tems de guerre, et la guerre en tems de paix : qu'il ne se lasse pas ;

je lui réponds que sa réputation sera bientôt faite.

J'ai lieu de m'étonner que M. M. n'adresse pas quelques complimens à Mercier, sur le *nouveau Paris* qu'il a publié en 1799. Cet ouvrage lui aurait-il échappé? Je l'invite à se procurer cette nouvelle *œuvre du génie*, et ensuite la critique qui en a paru vers le milieu de 1801, en un volume *in-12*, ayant pour titre: *Six lettres à Mercier sur les six tomes de son nouveau Paris*. Il verra comment y est traité ce moraliste profond, ce penseur par excellence; malheureusement il mérite les vérités dures sous lesquelles on l'accable sans pitié.

Page 406. Trait caractéristique. Voici l'anecdote à laquelle l'auteur des Mémoires donne ce nom. Catherine étant à son balcon, vit une jeune fille tomber dans la Néva: elle envoya du secours; la fille retirée de l'eau, lui fut

amenée sur le champ, trempée et tremblante. L'Impératrice la fit habiller, et lui donna quelques pièces d'or, en lui enjoignant de venir la voir quand elle voudrait se marier. On interrogea cette fille en sortant du Palais... *Ah!* s'écria-t-elle, *j'ai été plus épouvantée en entrant chez la Souveraine, qu'en tombant dans l'eau.* « Cette phrase est
» peut-être (selon l'auteur) une défi-
» nition aussi naïve que terrible du
» despotisme : elle est caractéristique,
» en ce qu'elle peint le sentiment qu'ins-
» pirent en général au peuple russe
» ses souverains et ses maîtres; impres-
» sion si profonde, que les bienfaits ne
» peuvent l'effacer dans le moment le
» plus intéressant ou le plus décisif ».

La conséquence que tire M. M. de la réponse de la jeune fille, manque essentiellement de justesse. Une jeune personne qu'on retire de l'eau, tremblante de froid, qu'on introduit aussitôt auprès de sa souveraine, doit naturellement être intimidée d'une pareille entrevue; mais cet effroi ne tient aucunement au despotisme, ne peint point le sentiment qu'inspirent au peuple les souverains Russes. Le prince le moins absolu aurait pu produire un effet pareil sur l'individu le plus libre. A qui persuadera-t-on que la crainte de la mort n'ait pas agi plus puissamment sur cette fille, à l'instant de sa chûte, que l'effroi causé par la vue de Catherine, à qui elle devait la vie? On citera la réponse de la jeune personne; quel pitoyable argument! Une réponse, quelque péremptoire qu'elle soit, n'établit pas un fait physiquement impossible, et celui-ci l'est. La fille avait oublié le danger qui n'existait plus : la sensation qu'elle avait éprouvée en entrant au palais, n'était pas encore éteinte, et l'emportait en elle sur une plus vive, plus rapide, dont les nuances lui échappaient. Ce trait isolé, prétendu caractéristique, ne prouve rien de ce qu'avance l'auteur.

Je suis fâché qu'avec plus de talent qu'une grande partie des écrivains politiques du jour, M. M. tombe dans les mêmes fautes; qu'il voye le despotisme par-tout; que sans cesse il y ramène ses lecteurs; qu'il néglige de prouver presque toutes ses assertions; en un mot, qu'il montre trop à découvert cet esprit de parti dont il faut absolument se défendre, si l'on veut obtenir l'estime de son siècle et les suffrages de la postérité.

FIN.

TABLE DES MATIÈRES.

A.

Anecdote racontée par Rhulière, invraisemblable. Page 39
Anglais peuvent se glorifier de leur patrie. 77
Armfelt n'a point trahi son pays. 67
Assassinat, moins atroce qu'un jugement inique. 142

B.

Barbes, presque aussi communes en Russie qu'avant Pierre le Grand. 21
Bataille de Zurich a sauvé la république. 161
Bibliothèque de Pétersbourg est le plus vaste dépôt de livres Chinois. 23
Biren. C'est Catherine, non Pierre III qui lui a rendu la Courlande. 30

C.

Catherine n'a pas puni les fidèles serviteurs de son époux. 53
——— A eu raison d'adopter les usages des Russes. 80
Charles (le Prince) blâmé d'avoir abandonné les Russes. 158
Cobentzel (M. de) un peu moins âgé qu'on ne le fait. 72
Comparaison burlesque de M. Masson. 103
Compliment de M. Masson à un Prince Russe. 108
Coxe, indécemment pillé par M. Chantreau. 24, 33

D.

Danois, sous un gouvernement despotique, ne sont point malheureux. 97
Droits des peuples dépendent du Souverain. 47

E.

Egmont (Madame d') a dû être peu flattée de l'hommage de Rhulière. 57

Erreur de Rhuliere sur l'âge de la Princesse Daschekow. 48, 56. De Potemkin. 50
Espagne forcée de faire sa paix et de s'allier avec la France. 69
Etiquette. Sa suppression peut avoir contribué à la révolution. 94

F.

Femmes Russes, esclaves d'autres esclaves. 110
———— Traits de cruauté qu'on leur attribue. 116
Feuille de chêne, ne payera jamais les exploits militaires. 108
Français, maltraités sous le règne de Paul. 132
France, son gouvernement n'était pas militaire. 12

G.

Gustave III, allié de Catherine, contre la France. 66

H.

Harangue à faire aux Russes selon M. Masson. 162

J.

Jacobins, n'ont point assassiné Gustave III. 133
Juifs sont tolérés dans la Russie polonaise. 15

K.

Knout, erreur de Coxe et de Chantreau à ce sujet. 14
Katzbue a violemment réfuté M. Masson. 59

L.

Lafayette et Dumouriez cités, on ne sait pourquoi. 91
Louis XVI. M. Masson trouve des formes dans son jugement. 76
———— Seul homme en France qui ait voulu la révolution sans intérêt personnel. 88

M.

Maladies pédiculaires; bévue de M. Chantreau. 19
Masson (M.) suspect de partialité. 62, 131
Maupeou. Son mot sur le rappel des Parlemens. 13
Mentchicow n'a jamais été à Iakutsk. 27

Mercier, le plus moral des écrivains français. 164
——— Critique amère de son nouveau Paris. 169
Modestie, ne consiste pas toujours à garder l'anonyme. 61
Moines. Pierre III a pris leurs biens. 13.
Montagne volante; erreur de Coxe et de Chantreau 27.

N.

Néva ne se prolonge pas jusqu'à Cronstadt. 49

O.

Ordre de Ste. Anne, prétendu créé par Paul. 9
Orlow, son entrée chez l'Impératrice le jour de l'assassinat de Pierre III. 50.
Outschitels, leur éloge par M. Masson. 119
——— Par quelles gens ils sont protégés. 122

P.

Paul Ier. ne peut être blâmé de sa conduite avec la France en 1797 et 1798. 100.
——— M. Masson prétend avoir prédit sa mort. 134
Paysans russes ne fument pas. 11
Peterhoff, les eaux n'y jouent pas toujours. 27
Pierre III, diversité des relations de sa mort. 42
——— Rien ne prouve que Catherine en soit coupable. 44
Pitt, son portrait de main de maître. 99
Pologne; son démembrement était convenu de tout tems entre la Prusse et la Russie. 71
Popularité, son excès déplacé chez les Rois. 95.
Pultava. Cette bataille ne dura pas deux jours, quoique M. Chantreau l'assure. 28

R.

Repnin n'a pas donné le conseil qu'on lui attribue. 81
Reproche plaisant fait à Catherine et au Régent de France. 118
Révolution indispensable en Russie selon M. Masson. 83
——— N'aura pas lieu de long-tems. 84
Révolution française, moins funeste à Catherine qu'aux autres souverains. 69
Rhulière; son histoire de la révolution de 1762 a perdu à être publiée. 37.

DES MATIÈRES.

——— Loué pour son exactitude par M. Masson, qui ne s'accorde pas avec lui. 72
Richer-Serisy a critiqué Rhulière sans ménagement. 41
Rois sont plus aisés à assassiner qu'à juger. 144
Russes. M. Masson n'omet rien pour les porter à la révolte. 101
——— Leur bravoure attribuée à la lâcheté. 106
——— Sont les meilleurs soldats de l'Europe. 107
——— Ne sont pas changés par les voyages. 123
Russie. La liberté y régnera un jour. 92

S.

Schlüsselbourg. Maison de plaisance, selon M. Chantreau. 26
——— Jamais Pierre III n'y a été mis. 29
Souverains doivent être inviolables. 139
Souvorow n'a jamais été vaincu. 159

T.

Trait caractéristique cité par M. Masson. 169

V.

Voleurs, plus communs dans les États despotiques. 20
Voyage de deux Français, comment critiqué. 124

FIN DE LA TABLE.

ERRATA.

Pages 11, 27 et 30, Berezow, *lisez* Beresow.
Idem, 30, Jaroslaw, *lisez* Iaroslaw.
Page 14, ligne 4, derniere, *lisez* dernière.
Page 27, Jakutsk, *lisez* Iakutsk.
Page 28, Menzikow, *lisez* Mentchikow.
Page 41, ligne 3, cette, *lisez* à cette.
Pages 73, 74, 76, Jvan, *lisez* Ivan.
Page 89, ligne 15, pe, *lisez* ne.
Page 110, ligne 7, simle, *lisez* simple.
Page 131, ligne 9, gravement, *lisez* grièvement.
Page 134, ligne 16, *brigand, lisez* brigand.
Idem, ligne 26, accusation, *lisez* accusations.

www.ingramcontent.com/pod-product-compliance
Lightning Source LLC
Chambersburg PA
JSHW060521090426
35CB00011B/2325